旅遊記疫

老玩童
西藏自駕遊

香港亨達集團創辦人及名譽主席
鄧予立——著

推薦序

山河壯麗人豪邁

旅行，是一項離開起居地，朝著目的地進發的空間位移活動。旅人藉此活動，得以觀察沿途景色和事物，感受旅地自然景觀和人文景觀所帶來的視聽新內容和情感新體驗，進而或主動或被動地與旅地展開泛文化交流。從社會學意義上說，旅行是生活空間的延伸，既是一種短暫性的「離家出走」和「悄然失蹤」，又具有特殊意義的「不請自來」或「躍入」他者文化內核探寶取經。沿著特定地理路線行走的旅行，敞開了旅行者的眼界，拆除了旅地文化的「藩籬」，促進了旅人精神境界的昇華。慧根深厚者，因「造訪」、「邂逅」他者文化，而思而得而頓悟，並在此基礎上重塑審美觀、價值觀和生存觀，從而走向超然之境。

凡人多有旅行夢。漁人樵夫嚮往城市的燈紅酒綠；白領麗人憧憬於遊埠購物兼充電；啖荔、農家樂、果園採摘、大山谷宿營，都是近年備受歡迎的「短平快」實惠型旅行方式。那些久居繁華都市且具高遠精神追求者，仰仗著財務已實現自由，往往以夢為馬，義無反顧地踏上尋夢之旅。桃源村野，充滿異域風情的「詩與遠方」，便成了「目擊」他者文化，實現夢想的絕佳目的地。

有「世界屋脊」之稱的西藏，是一個令無數旅人怦然心動的地方。這塊世界面積最大、海拔最高的高原，擁有雅礱河風景名勝區、拉薩名勝區和日喀則名勝風景區。這裡地質地貌奇異，自然風光獨特，人文景觀別具一格，擁有數量眾多的宮殿、園林、城堡、要塞、古墓、古碑以及近三千座寺廟。西藏充滿異域風情，又是宗教聖地。無論是信徒的虔誠朝拜，還是旅人實現夢想和執念，西藏都能滿足各方人士的需要，成為人人稱頌的圓夢之地。

呈現在讀者面前的《旅遊記疫：老玩童西藏自駕遊》，是以西藏為旅地的十九天「歷險」的記錄，作者邊走邊看，邊看邊思考，邊思考邊鋪紙提筆著文，生動詳實地再現了藏地風光和旅程「驚險」。本書既有記敘性文學特點，又具遊記文學內蘊色彩，是一部不可多得的具圓夢意義的遊記佳作。

鄧予立出生於書香門第，乃香港著名企業家、金融家，北京市政協委員。

他愛國愛港，熱心公益，既有參政議政的高遠追求，又具收藏鑒賞墨水筆的高雅愛好。在旅伴陪同下，著者以自駕遊方式，從成都出發，以318國道川藏線為主軸，深入高海拔西藏景區和乏人煙之地，沿途收穫快樂，感受路上最美風景。無論翻越崇山峻嶺、流連江河湖泊、造訪城鎮部落、見識地貌奇觀，還是巧遇堅韌好客的藏族人民、感受信眾虔誠的宗教信仰和社會巨大變化……都成了觀照對象、思考焦點和抒寫題材。作者以筆和鏡頭記錄與這片神奇土地的相遇，感悟藏地「天路」承載無數人的奉獻犧牲和精神信仰。表面上看，這段旅程，是對這片壯闊山河的一份美好紀錄，如果從深層次考衡，也可以看作是作者突破自我，提升思想境界的鮮活實例。

從萬般事，讀萬卷書、行萬里路，在作者身上得到了完整的統一。在商事之外，鄧予立長期筆耕不歇，出版多種文集攝影集，並翻譯成日文及英文版在全球多個城市發行，向世界各地展示祖國的美好，極大地促進中國與各地的文化藝術交流。這一本《旅遊記疫：老玩童西藏自駕遊》，一如此前的《夢迴長白—徜徉大東北》、《揚州印象》、《聖潔的西藏》等書籍，文字靈動，照片精美，情感充沛，富文學性和哲思性，讓讀者充滿了閱讀期待。

是為序。

程祥徽

澳門大學教授　壬寅七夕夜於濠鏡

推薦序

與智者一起行走

古賢曰：讀萬卷書，行萬里路。世界廣闊，山高水長，每個人都想透過雙眼去欣賞，更想用雙腳去丈量，用鮮活的體驗來豐盈我們的生命。但二〇一九年突如其來的疫情阻卻了行山涉水的腳步。所幸的是，我們還有書，還有與智者對話的一扇明窗，還有跟著他們的文字走過千山萬水的自由與幸運。

智者樂山，仁者樂水，大智皆仁，樂山樂水。這本書的作者鄧予立先生的舊作《謎一樣的國家：老玩童探索以色列》，我曾有幸拜讀。其嗚粱至今繞縷不絕：從三千年歷史的耶路撒冷到所羅門的雅歌，從死海古卷的聖經出土到哭牆下無聲的悲愴。斑斑駁駁，黃沙與綠洲、圓月與尖頂，老玩童鄧老（我更願意稱他為鄧兄，因為他那矯健的步伐）在以色列記下的精彩故事，至今仍如敦煌壁畫一樣深深拓印在我的腦海。疫情之下，鄧兄旅步不止，筆耕不輟。借著《旅遊記疫：老玩童西藏自駕遊》，我們得以跟隨他矯健的步伐，從耶路撒冷回到中國西藏高原的雪域聖地，去一探那經幡滚動、梵唱如歌的神祕領域。

西藏對我來講，就像是一位熟悉的陌生人：說熟悉，那裡的一切似乎都在遊記和報刊中處處遇到過；說陌生，那裡的一切又都未曾親歷親近，始終隔著淡淡的輕紗。我是幸運的，比讀者更早隨著鄧兄的鏡頭和筆端走過西藏，在他細膩的書寫和絕美攝影下，西藏已不再是陌生，而更像是久別重逢，且奉茶敍的故友。

從霓虹閃爍的海港不夜之城香港，僅僅兩指翻動書頁的微妙距離，沙沙聲間，穿越五千里，來到了離天堂聖域最近的曇城之地——西藏，跟隨鄧兄踏行喜馬拉雅山腳下、布達拉宮殿前的旅程。

西藏的光，強烈而濃密，像極雲層之上的天光，它像懸天之城，不惹世埃，細雪天落般的潔白。一千年前，文成公主的嫁裙翩躚，她的白馬一定低頭飲過雅魯藏布永遠奔騰的江水。大昭寺中公主進藏帶來的釋迦牟尼十二歲等身鍍金銅像，千年來受過多少漢藏信徒敬拜。七百年前，法王八思巴創制蒙古新字，獻元廷忽必烈，受冊而坐床，開啟達賴班禪轉世受中央冊封的序章。三百年前，清朝皇帝雍正派遣駐藏大臣，冊封班禪額爾德尼。七十年前西藏和平解放，中央與地方，漢地與藏地，一個中華民族的大家庭跨越高山長河，固若磐石。

如果非要有一個大家庭的標誌，那就選鄧兄書中讚美的中國最美景觀大道吧，318國道，從上海黃浦區人民廣場到中尼邊界的西藏友誼橋，用5,476公里的氣魄完美詮釋著中華家園的壯美。如果還要再體現到一個點，那就跟隨鄧兄站在布達拉宮廣場上矗立的和平解放紀念碑前，一起感受「短短幾十年跨越上千年」的奇跡。

西藏江孜家家戶戶掛起的五星紅旗，隨風飄動的七色經幡，透過鄧兄的文字鮮活跳入眼前。我一時不知身在港在藏？西藏行記，如在夢中，應猶去過，前世居過。我去過西藏嗎？讀完這本旅記時，亦真亦幻，我已茫然不曉。

儘管書途同路途，但我還是期待跟隨鄧兄，走上這川藏高原，走遍祖國千山萬水。書前的朋友，你願意一起嗎？

楊勇

紫荊雜誌社長

推薦序

以慈愛包容之心，看山看水看世界

這是第二次受邀為鄧先生的書寫序，倍感榮幸之外更是感謝，因為這是我又一次向鄧先生學習的好機會。

三年疫情，打亂了大家日常生活，出行變得不方便甚至不可能，但鄧先生卻一而再，再而三衝破疫情困擾，前往各地旅遊，更在此時入藏旅行，這讓我在收到此書稿的第一時間，急不可待地閱讀起來。

真是開卷有益，第一章〈踏上「天路」旅程〉就看到鄧先生這樣睿智的一段話：「於我而言，西藏不在拉薩，不在布達拉宮，不在大昭寺，是在前往的每一條路上，在流經的每一條江河、湖泊，在腳下每一座高原峽谷，掠過車前的野氂牛和藏羚羊群，在綿延不盡的雪山草地，在荒蕪凋敝的無人區，在每一位虔誠的朝拜信徒的路上。」是的，這是超越，超越了一般人看山看水看人看熱鬧的普通旅遊，鄧先生透過山水，人看熱鬧，他看到了這天路上的人文精神，這是睿智。

天路上的人文精神更多地呈現為西藏特有的文化，通過鄧先生的這本書，讓我們更加直觀地了解到這種西藏特有文化的魅力，以及它的寶貴傳承，更有意思的是，在西藏，我們發現西藏文明，西藏文化與中土文明有着密不可分的緊密聯繫，這些文化，在歷史上就相互影響，相互借鑒，包容共存至今，這對我們每一位中國人來説，認識、保護和傳承這些有著寶貴普世價值的人文精神和文化是我們每一個人的責任和使命。

世界大，需要我們打開自己的心去學習，去包容。旅行，不是為了異地打卡而旅而行，更多時是我們以慈愛包容之心看山看水看世界。如果我們都可以像鄧先生那樣懷抱一個慈愛和開放的心去包容他人、他族，乃至他國的不同，這世界自會少些戾氣，也自會呈現更多祥和美好。

隨喜讚歎鄧先生這次西藏遊的文字貢獻，特別讚歎他對生命、世界、不同文化的熱愛，在年過七十這樣的年紀，他已經到訪了一百四十八個國家，寫了十六本遊記，他的若干攝影集和遊記我都有學習和收藏，很讚歎。我們説：人活一種精神，鄧先生以自己的各種付出，攝影和文字的貢獻，再三證明這種對生命、世界、不同文化的熱愛可強大到年過七十，仍然可以不斷給身邊的朋友和周圍的人一次又一次帶來驚喜和智慧啟迪。

致敬鄧先生，也衷心祈願大家從此書中獲益良多。扎西德勒。

水敏

德國雷根斯堡大學經濟學博士

推薦序

心靈西藏．幸福路上

本人受鄧予立先生之邀為《旅遊記疫：老玩童西藏自駕遊》寫推薦序文，深感榮幸之至。

我與鄧予立先生相識超過二十年，任職亨達集團旗下子公司——臺灣亨達證券投顧公司已滿十八年，鄧先生看待事情總是有超出凡人的遠見，細膩的超前布局，經過一段時間後就會明白這些安排的智慧之處，是一位很難用文字形容的神人。

鄧先生非常的善待員工，深得人心，「用人不疑、疑人不用」，在我們遇到環境起伏時，總是以信任與勉勵的方式給予支持，而當我們達成與超越目標之時，必定會犒賞員工。鄧先生觀察力鉅細靡遺，在討論重大決策時總能幫助我們更完善的規劃，且訂定目標後執行魄力更是令人佩服，就如同要在七十歲前走訪一百五十個國家的心願，這必須要有過人的體力與毅力。

當我拜讀鄧先生二〇一一年出版的《走一趟神奇的天路》之後，發誓有生之日一定要走趟神奇的西藏。二〇一四年五月我與妹妹終於隨團踏上了西藏，遠離城市繁囂，遊走在這片壯闊而寧靜的淨土。我們當時從西安搭機抵達拉薩，第一站就參訪具有鮮明藏族傳統建築藝術的西藏博物館，館藏令人嘆為觀止；布達拉宮海拔三千七百公尺，是世界上最高的古代宮殿，集宮殿、城堡、寺院於一身，堪稱是一座藝術殿堂，也是藏文化燦爛的象徵。當我們慢行走上九百多個階梯，還見識到了海拔最高的廁所（據說三百年不用人工清理），十分有趣；羊卓雍措為西藏三大聖湖之一，湖光山色，風景如畫；卡若拉冰川海拔 5,560 公尺，是世界上距離公路最近的冰川之一，潔白冰雪覆蓋山頭，顯得格外閃亮耀眼；搭乘青藏鐵路列車也是一次難得的體驗，海拔 5,231 公尺的唐古拉山口是途經的最高點，也是最壯麗的一段；旅途中，藍、白、紅、綠、黃五彩經幡隨處可見，賦予五方佛及五種智慧之含意。這是一趟滌蕩心靈的淨化之旅，儘管只有短短八天，卻令人永生難忘。

今（二〇二二）年初，鄧先生出版了《聖潔的西藏》攝影集，如今再加上這本《旅遊記疫：老玩童西藏自駕遊》，讓我大開眼界，相較之下我的西藏之旅純粹只有鄧先生遊走西藏天路的十分之一而已，實不足道矣。西藏氣候多變、山路崎嶇、空氣稀薄、陽光輻射強、海拔差異很大，地理環境艱困，尤其在素有「世界屋脊的屋脊」之稱的阿里自駕更是極大的挑戰，鄧先生遊走西藏十九天，不僅海拔五千公尺以上沒有出現高原反應，更在海拔5,260公尺的世界第一高峰珠穆朗瑪峰牌樓前神采飛揚的跳躍，面不改色，由衷佩服鄧先生過人的體力與堅忍的意志力。

有人說：西藏，

在旅遊者眼睛裡是令人嚮往的神秘之地。
在探險家心目中是夢寐以求的探險樂園。
在佛教徒心靈上是令人神往的佛界淨土。
在登山者腳底下是充滿誘惑的最後堡壘。
在攝影家鏡頭中是天堂一樣的美麗仙境。
它是旅遊者、探險家、佛教徒、登山者、攝影家心之所向，他們被西藏美麗風光、獨特的地理環境和古老的文化所吸引，競相踏足這片神秘的土地。

已經走訪世界將近一百五十個國家的鄧先生就是一位成功卓越的旅遊者、探險家、登山者及攝影家，集傳奇於一身，可得「老玩童神人」之美譽。在此用藏民的祝福語來祝福鄧先生，期盼他繼續帶我們增廣見聞，更深入地認識這個世界！扎西德勒！

劉惠玲
亨達證券投資顧問股份有限公司董事長

目錄

甘肅
青海
四川
成都
折多山
高爾寺山
康定
雅江
新都橋
海子山
剪子彎山
理塘
巴塘
大渡河
雅礱江
昌都
金沙江
瀾滄江
邦達
芒康
八宿
業拉山
東達山
左貢
怒江
那曲
通麥
波密
魯朗
然烏湖
根拉山
林芝
墨脫
拉薩
江
山南
羊卓雍措
冰川
雲南
緬甸
丹
印度
孟加拉

老玩童 西藏自駕遊地圖

省級行政中心
地級行政中心
縣級行政中心
景點
河川湖泊
山峰
新疆
西藏
阿里地區
班公湖
日土
日土岩畫
革吉
獅泉河
象泉河
札達
古格王國遺址
喀什米爾
岡仁波齊峰
拉昂措
公珠措
馬攸木拉達坂
瑪旁雍措
納木那尼峰
扎布耶茶卡湖
夏崗江雪山
達瓦措
措勤
仲巴
突擊拉山
達則措
尼瑪
恰規措
色林措
錯鄂措
班戈
當穹措
文布北村
文布南村
當惹雍措
納木措
雅魯藏
日喀則
浪卡子
江孜
佩枯措
定日
希夏邦馬峰
珠穆朗瑪峰
印度
尼泊爾

第一天

踏上「天路」旅程

西藏，一個光聽名字就讓人莫名心動的地方，更是無數人嚮往之地。「這輩子一定要去一次的地方就是西藏」，這句話，肯定大家看到和聽過無數次，而對於鍾愛旅行的人士來說，去西藏是一個任何時候說出來都不過時的夢想和執念。於我而言，西藏不在拉薩，不在布達拉宮，不在大昭寺，是在前往的每一條路上，在流經的每一條江河、湖泊，在腳下每一座高原峽谷，掠過車前的野犛牛和藏羚羊群，在綿延不盡的雪山草地，在荒蕪凋敝的無人區，在每一位虔誠的朝拜信徒的路上。

旅途開始的前兩天，我已經開始服用紅景天成藥，用來應對可能出現的高原反應。此行我並未出現不適症狀，是否藥物的效用，就不得而知了。這一次的旅程又刷新了我人生的一段新紀錄，完成了一項新創舉。此行我們選擇了走318國道川藏線，途經康定、雅江、理塘、巴塘等地，其中不少地方的海拔都在四千米以上，加上每天都是長途路線，對我來說是個不小的挑戰，未出發前，心情是既忐忑又期待。

1 318 國道線上設置許多「此生必駕」地標打卡點

2 全長 13.4 公里的二郎山隧道修築困難

第一天，我從上海出發，當天中午時分就到達成都雙流機場，跟來自北京、重慶和長春三個城市的四位旅伴匯合。這天我們基本沿著成雅高速公路行進，然後轉雅康高速，全程走的都是高速公路，大概經歷了三個多小時，到達第一站的康定。

我們這個小分隊的成員都來自城市，行走高速公路一點都不覺得奇怪，不過如果對中國的築路史有些許了解，就會知道這條雅康高速是來之不易。自古都說「蜀道之難，難於上青天」，在四川山嶺雲霧中要建造這樣一條進藏高速道路，其登天難度，可想而知。這裡位於四川盆地往青藏高原的過渡地帶，海拔高度差異大，地質地貌極其複雜，許多路段山勢陡峭，施工期間的通道鋪設在懸崖上，運輸物料、搬動岩石，以及電力供應等方面都極其困難，不僅如此，又因為氣候惡劣，經常遇到泥石和坍塌，山體滑坡多。建造工程從二〇一四年九月開始，總共用了近四年時間才完成，幾乎每天都有十九支施工隊伍一萬多人同時作業，施工難度大是一方面，最讓工程人員擔心的是會遇到岩爆，石頭像子彈一樣四處彈射，危險係數極高，簡直是半步人間半步鬼門。這條公路的修築，要打通達五十公里長的隧道群，特別是一條十三點四公里二郎山隧道的貫通，要穿越十三條地震斷裂帶，這段路又位於八度地震區內，經過建築工程人員的千辛萬苦，才終於征服這「川藏第一險」，換來了今天十五分鐘穿越隧道的便捷。

↑興康特大橋橫跨大渡河，有川藏第一橋之稱

另外還有一條橫跨大渡河的「川藏第一橋」興康特大橋，這是繼二郎山隧道之後又一項偉大的工程。有句「大渡橋橫鐵索寒」就說明了大渡河的艱險，這裡河水湍急，風速迅猛驟變，工程經常因強風而暫停。當我們乘車通過這條全長 1,411 米，主跨 1,100 米，被認為是世界第一的超大跨徑鋼梁懸索橋時，深深地感受到它的宏偉壯觀。

个因為一首康定情歌使大家認識了康定這座溜溜城

雅康高速的建成，不只縮短兩地通行時間，解決行路人的「蜀道難」，這條布滿艱辛的漫漫長路更是藏區人民的希望之路，長久以來受限於地理環境，導致經濟滯後，路途的艱困也造成兩地的文化差異，不單限制當地人與外界接觸，外面的人同樣不太瞭解他們。高速路的建成，為兩地的人們提供了一條「溝通之路」，更是一條脫貧之路。一想到這都是無數築路工人們多年來的努力和無私的奉獻，讓我再次對他們致以無限敬意。

到達康定時，夜幕已經落下，大伙都感到飢腸轆轆。我們把行李存放好後，馬上前往老城區享用遲來的晚餐。這是我第二次來到康定，晚飯後便權充起導遊，帶領小分隊在城內隨意走走。

因為一首大家非常熟悉的《康定情歌》，不管有沒有來過康定，想必都記住了這座「溜溜城」，知道了這裡有溜溜的山，溜溜的雲，溜溜的人。其實康定遠不只是一首情歌，它是中國西部地區重要的歷史名城，作為四川省甘孜藏族自治州的首府，是川藏咽喉、茶馬古道重鎮，以及藏漢交匯中心。康定是漢語名，由於丹達山，也就是今天有「入藏第一險」之稱的的夏貢拉山以東稱為「康」，康定這名字便是希望康地安定之意。至於藏語的名稱則是「打折多」，意為打曲（雅拉河）、折曲（折多河）兩河交匯處。因為「打折多」的發音與漢語的「打箭爐」相似，所以古時漢人把康定稱作「打箭爐」。另外還有個民間的傳說，當年諸葛亮曾經命人在此打鐵造箭，才有了「打箭爐」的名稱。

這晚遊康定老城的旅客並不多，街道很安靜，卻富有民族特色和韻味。一條由城南湍急奔來的折多河在夜晚燈光的照射下閃著綠玉色的亮光，在郭達山腳與雅拉河匯合後流向瀘定，這就是大渡河，也就是與康特大橋所跨越的那條河。一般印象裡，城內的河流多半是平緩寧靜的，這裡卻截然不同，水流湍急，聲響巨大，轟隆隆咆哮著穿城而過。

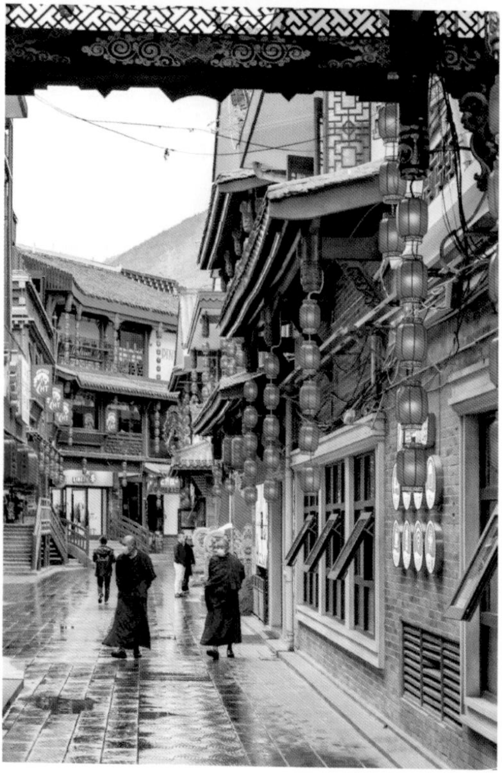

1

2

1 夜晚折多河水流湍急，咆哮著穿城而過

2 當晚遊康定老城的人不多，街道很安靜

城河兩岸的街道房屋基本都是新建或整修過的，老式房屋比較少見，多半隱藏在橫街窄巷中。遠處郭達山上在朦朧之間似乎有點點亮光，我從相機鏡頭裡放大細看，發現山上是藏傳佛教的雕像，佛像精美，顏色鮮豔，在這樣的地方雕刻，想必當初的雕刻者一定滿懷無比虔誠的敬意，才能無懼如此困難的環境，完成作品。

藏傳佛教是指傳入藏區的佛教分支，始於吐蕃王朝贊普（吐蕃王朝統治者的頭銜）松贊干布時期，尼泊爾尺尊公主和唐朝文成公主將佛像佛經帶入，松贊干布皈依佛教，建大昭寺和小昭寺。八世紀中葉赤松德贊迎請古印度僧侶，將印度佛教傳入西藏，蓮花生大師融合西藏本土宗教，奠定藏傳佛教基礎。以上為藏傳佛教前弘期。經過滅佛運動等的破壞而沉寂，至宋朝初年，才又漸漸復興，並逐漸形成幾大派別，這段期間為後弘期。

藏傳佛教分為不同派別主要是因師承、地域，或對經典的不同理解等原因而有所劃分，主要派別包括：

- 寧瑪派：是最古老的派別，源於赤松德贊從印度邀請來的蓮花生大師，由於該教派僧人戴紅色僧帽，又稱紅教。
- 薩迦派：因其主寺——薩迦寺建在後藏的薩迦地方而得名，也是藏傳佛教唯一世襲至今的教派。由於寺院圍牆塗有象徵文殊、觀音和金剛手菩薩的三色花條，又稱花教。
- 噶舉派：支派最多的教派，因該派僧人按印度教傳統穿白色僧衣，故稱白教。是最早實行活佛轉世制度的派別。
- 噶當派：藏語「噶當」意為用佛的教誨，來指導凡人接受佛教的道理。由於十五世紀興起的格魯派是在噶當派教義的基礎上發展而來，因此原屬噶當派的寺院後來都逐漸成為格魯派的寺院，噶當派從此在藏區隱滅。
- 格魯派：宗喀巴大師所創，由於戴黃色僧帽，又稱黃教。格魯派具鮮明特點，且有嚴密的管理制度，很快就後來居上，成為藏傳佛教的主流。其中兩位弟子採用噶舉派的活佛轉世制度，分別為一世班禪和一世達賴，更自五世達賴喇嘛開始，西藏出現了政教合一的制度。

个郭達山上藏傳佛教的雕像

↑康定城內的巨大轉經筒

在返程途中，我們遇上在廣場上跳舞的當地人，我覺得與一般內地常見的廣場舞不同，是熱情又隨意的藏族舞蹈，那種發自內心的快樂同時也感染著我們，隊中的小伙伴忍不住興奮加入，就連我這個在跳舞方面有點笨手笨腳的老者，在這熱鬧的氛圍下也忍不住動了動胳膊和雙腿。

我們僅在小城留宿一個晚上，隔日就要繼續出征，來不及更進一步探索這座小城的奧祕。我記得原國務院總理朱鎔基曾到此遊歷後，讚歎這裡是：「海外仙山，蓬萊聖地」。這話並無誇張，兩次的到訪，我對它也留下深刻美好的印象，並期待下次重訪，再登上跑馬山蹓躂一番，俯瞰康定全景。

↑康定城一隅，右下為清代著名將領岳鍾琪雕像，他曾多次至藏區平亂

第二天

一切始於318國道

我希望能在我們的國土上找到能夠代表我國遼闊國土，壯麗山河的象徵物。尋找的結果，發現橫穿我國東西大致沿著北緯三十度線延伸長達五千多公里的318國道是最佳的選擇。我們在這裡把它稱之為『中國人的景觀大道』。

——摘自《中國國家地理》雜誌〇六年十月特刊

《中國國家地理》中介紹「中國人自己的景觀大道」，印象最深的有兩條，一是橫向的318國道，一是縱向的219國道，尤其是318國道川藏線上的精華部分，又被譽為「中國最美的景觀大道」。318國道的起點在上海黃埔區人民廣場，終點為中國和尼泊爾邊界的西藏友誼橋，全長5,476公里，幾乎和北緯三十度線重合。這條國道被人們賦予了太多的意義，也被無數旅人寄予了厚望，每一年都有來自五湖四海的旅行者們以各種方式踏上這條朝聖之路。旅人們視其為最初的夢想和最想要去的地方，未曾走過的人，也

將之視為人生的願望。今天，我們的行程就要踏上這條令無數人魂牽夢縈的 318 國道了。

我們一早從康定啟程，小城的海拔不過兩千多米，小分隊全隊隊員的身體都完全沒有什麼不良反應，不過往後的路段就要開始往高海拔攀升了。第一個關卡就是海拔 4,962 米高的折多山，是 318 國道入藏方向的第一座高山，折多山埡口被冠上「318 入藏第一埡口」。「折多」在藏語裡是彎曲的意思，從名稱上就提醒了我們會遭遇彎彎曲曲的山路。領隊英子表示，此山正是甘孜與青藏高原的一道地理分界線。

↓海拔 4962 米高的折多山是 318 國道入藏方向的第一座高山

在這裡也真切感受到 318 川藏線「隔山不同天，一天有四季」的說法。早上從康定出發時，還是晴空萬里，當我們的四驅車盤山而上，接近折多山高處時，氣溫驟降，已是雨雪紛飛了，埡口整個被雲霧所籠罩，所幸大伙都帶備了禦寒保暖的羽絨服。

這是我繼二〇一九年後再度攀上折多山，在紛紛雪雨中四下觀望，濃霧中的白塔多添一份聖潔。因為是進青藏高原後遇到最高的海拔，大家都小心翼翼，不希望首戰就被高原氣候和海拔所擊敗。儘管我並未因高海拔而產生高原反應，不過要想登上折多山高點，遠眺有「蜀山之王」之稱的貢嘎山，需要沿木棧步道往上走，然而步道鋪滿積雪，風勢又大，要想登山，還真有舉步維艱的感覺，只得黯然放棄，帶著一點遺憾繼續上路。

逗留在埡口期間，雪勢愈大，天氣也變得更冷，我們趕緊沿公路盤繞而下。這段從高處下來的路，走的是名副其實、彎彎曲曲的公路。山谷峽谷間還有不少清澈的溪流和水潭，一根根高壓電桿豎在潭水旁邊。

1 折多山上的白色佛塔和後方登上高點的木棧步道

2 山谷間有不少清澈水潭，一根根高壓電桿豎在潭水旁邊

翻過折多山後，青藏高原就從這兒開始了。沿山路往下走，到了有「攝影家天堂」的新都橋，海拔較低，約三千多米。這也是我兩年前遊過的，這天眼前景色跟上回變化不大，不過現在是新秋時分，草還是綠色的，柏楊樹也都還未變成金黃。若下次有機會再來，最好選擇深秋，到時可以欣賞新都橋著名的美麗秋色。

新都橋是甘孜藏區的一個小鎮，我卻不知它為何會得到「攝影家天堂」之美稱。英子解釋，小鎮是前往西藏的必經之路，當旅客到了折多山，見到高山周遭都是荒蕪光禿的石山，到了山下的新都橋，景色截然不同，大片大片的高原草甸，潺潺流水，牛羊遍野，還有散落在山野間的藏族村落和寺院，簡直是一新耳目。可惜今年秋天來得較晚，尚未迎來這裡最美麗的時候。

1 途中行經的藏族村落

2 新秋時分的新都橋還是一片綠

个雅江地勢落差大，縣城有「懸崖江城」之名

新都橋前面就是雅江縣，藏語是「亞曲喀」，也就是河口的意思。當地有高山、河谷和高原，又位於雅礱江上，因為它恰好位於高山峽谷和草原的交界處，地形落差極大，地貌獨特，縣城蓋在懸崖上，所以有「懸崖江城」之名，更因為盛產松茸，是「中國松茸之鄉」。松茸盛產期是六至八月，這次我剛好錯過了，否則順手帶些回家，與家人分享，讓大家嚐嚐中國松茸的滋味。去年我在義大利白松露節上吃了不少松茸，今年又遇「中國松茸之鄉」，兩年間連番與東西方的松茸結緣，十分有趣。

↓蜿蜒險峻的公路工程

既然來到松茸產地，我們也不願錯過嚐嚐此地的特色松茸餐。聽當地店家說，雅江松茸每年採集量逾千噸，正受到日本、韓國食客的喜愛，他們不惜萬里路程，來到這裡採購。松茸可說是當地重要經濟作物之一，為當地村民帶來收益。

餐後我們準備趕往今天的目的地巴塘縣，不過在此之前，會在中間站理塘停留。前往理塘途中有一條川藏線上著名的「天路十八彎」，山路彎環，左彎右拐，地勢非常險要，是對小分隊司機小陳師傅駕駛技術的首次考驗。待車行至半山腰時，我回望雅江方向，只見雲霧繚繞間，峰巒疊嶂，綠樹如茵，穿行在如此美景中，真令人振奮。

要通過十八彎，需翻過高爾寺山、剪子彎山和卡子拉山這三座山，一路上絕美的風景讓我們走走停停，盡可能留下美麗的照片。剪子彎山的山如其名，山路盤旋曲折。當我們來到海拔 4,288 米的觀景台，已沒有折多山的雨雪霏霏，晴空如洗，白潔的雲朵彷彿觸手可及，雲很近、天卻很遠。遠望是綿延的青山，俯瞰山下遍植茂密的雲杉和冷杉，多條五彩的經幡隨風飄動，秀麗的景色令人流連忘返。

1 川藏線上著名的「天路十八彎」

2 卡子拉山觀景台看去的風景以高原草甸為主

3 剪子彎山觀景台

五彩經幡又叫做風馬旗，在藏區經常可以見到懸掛五彩經幡，是流傳已久的宗教習俗。這種方形的彩旗共有藍、白、紅、綠、黃五種顏色，各自象徵天空、白雲、火、水和土地，顏色的順序不能更動。彩旗主要用於祈福，上面印有佛經，當風吹動經幡，就代表上面的經文被誦讀了一次，不但傳達人們對神的祈願，也累積了修行功德。

↑當風吹動經幡，就代表上面的經文被誦讀了一次

↑尼瑪貢神山往理塘沿途風景

我們繼續行進，繞過幾個彎，又到了另一座海拔4,668米的尼瑪貢神山。這兒有一塊刻著「尼瑪貢神山」的大石碑，吸引了大伙的目光，我當然不會放過拍照留念的機會，因為這證明了我又成功越過了另一座高峰。石碑左側豎立一座金色轉經筒，往前是一排商店，不過因為疫情關係都處於關閉狀態。這時一位騎行的朋友路過，我也借了他的單車一用，在石碑前留影一張，假裝老玩童騎行到此。

據司機小陳師傅說，截至目前為止，我們才完成全天行程的一半，不過後面沿途的景色會越加精彩，切勿錯過。另一位小旅伴王晶藉機向我講了一個真實的故事，跟我們下一站「天空之城」理塘有分不開的關係，那就是在理塘土生土長，幾乎一夜成名的少年丁真。因為一位攝影師偶然把他拍下來，製成小視頻，使他一躍成為網紅，現在他儼然成為理塘最具活力的代言人。當我們後來進入理塘縣境內，帶有丁真照片的宣傳板到處可見。他一雙炯炯有神的眼睛，看來神采飛揚，牽動了旅人遊理塘的興趣，據說理塘就是因為他而帶動旅遊業，藉此發展經濟，連無數文青一直傾心仰慕的倉央嘉措也暫時屈居丁真之下，網絡傳媒這玩意影響力實在不容忽視！

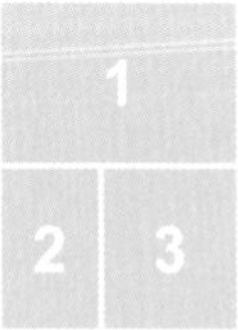

1 尼瑪貢神山觀景台一隅

2 刻著「尼瑪貢神山」的大石碑

3 理塘一隅

尼瑪貢神山
聚財石

文明健康 有你有我

理塘這座小縣城處在海拔4,014米的高原上，是名副其實的「世界高城，雪域聖地」，國道318線上設置有「此生必駕」地標打卡點，二〇一八年首個打卡點就落在理塘西城門，幾乎每個路過的旅人都會在此拍照留念。除此之外，理塘本身歷史悠久，是漢藏交匯處，文化底蘊深厚，是瞭解藏傳佛教、藏區文化的重要之地。不過我們此行匆匆，並未在縣城停留進行深入訪遊。

離開理塘後，距離最終目的地巴塘還有一段路，途中需要翻越一座平均海拔四千五百多米的海子山，海子就是湖泊的意思，這區內有1,145個大小海子，規模密度可說是全國之最。除此之外，如同一片蠻荒之地，充滿嶙峋怪石，不見任何樹木和河流。其實這裡是古代冰體的遺跡，可以見到許多冰蝕地貌，例如形態各異的海子是冰蝕岩盆，滿地的礫石則是冰川漂礫。

1 理塘西城門是熱門打卡點

2 理塘是歷史悠久的高原老城

西城门
世界高城理塘
115 KM

天空之城
理塘
LITANG

這裡最值得一觀的就是被稱為姊妹湖的一雙湖泊，是由高山雪水匯集而成。要想欣賞它們，非得更上一層樓，登上更高海拔的觀景台不可。不過一般路過旅客都「畏高而逃」，不願意登上去。我見機會難得，非登高遠望不可。在觀景台上，遠望兩座高山湖泊，彷彿從天上墜落人間的兩面鏡子，在夕陽下散發寧靜平和的氛圍，海子柔美，雪山剛毅，矛盾卻又和諧。

1 理塘往海子山沿途風景

2 遠望兩座高山湖泊，彷彿從天上墜落人間的兩面鏡子

今天的終點巴塘遙遙在望，我們從理塘駕車至今，已接近一百七十公里，儘管沿路風景漂亮，但畢竟大家坐了一整天的車，已感到疲憊不堪，小陳師傅的勞累更不在話下，都希望能早點趕到目的地歇息。兼之天色已晚，大家的心情不免有些焦慮，擔心夜間行車的安全，根本無暇欣賞車窗外的夕陽。當我們好不容易離開公路、抵達巴塘時，太陽已全然落下，正是華燈初上時候。

我們放下行囊，在下榻處安頓好。對於接下來幾天，開始產生愈來愈多的期待。進藏前的風景已經那麼引人入勝，等到真正踏入西藏，又將會與何種風景相遇？

西藏，就在前頭！

2 1
3

1 藏民與犛牛

2 途經的寺院

3 沿路風景美不勝收

巴塘的小插曲

隔日一大清早，金燦燦的晨光早已照進房間，我抖擻精神，趕在出發前，花點時間探訪這個有「高原江南」之稱的巴塘縣。

巴塘縣是我們這次從川入藏行程中，在四川的最後一站，過了川藏兩省的界河金沙江，就到了西藏的地界。巴塘在海拔不到三千米的巴曲河谷平原上，全年平均氣溫在十三度，是適合人居、營商和放牧的地方。導遊兼領隊英子在前一晚用餐時，介紹巴塘是民間藝術「弦子」之鄉，弦子是藏族民間舞蹈的一種，每逢節日、婚嫁喜慶，或是集會等場合，當地人就會熱情地跳起弦子舞。跳舞的時候會圍成圓圈起舞，或有時男女分站兩邊跳舞，舞蹈的節奏是根據藏族拉弦樂器——弦子的音樂節奏，弦律活潑熱情，舞蹈則輕鬆抒情。

巴塘市區景色

距離大伙出發的時間已經不多了，要深入訪遊是不可能的，幸好我們下榻的酒店就在熱鬧繁華的市中心，附近不僅有政府司法單位，巴塘縣的教育園區也在隔鄰，裡面有好幾所中小學。九月正是新學期開始，還未到學校上課時間，已見許多家長領著學生們聚集在大門外面，學生穿著整齊校服，人數雖多，但並沒有大聲喧嘩的現象，秩序井然。學校不遠處是一間室內菜市場，外面也有不少藏、羌市民擺起攤檔，販售各類蔬果、肉類和日用品，商品應有盡有。雖然時間很短，我在路上所見，從他們面上掛著的笑容，可以感受到當地人民的生活平和。對於我們這些初來乍到的外地人，也都是靦腆中帶著和善。

巴塘市場與路邊攤檔，商品應有盡有

生态高原 自然新鲜
南区海椒
销售点
高原鲜公司“八一”建军节大酬宾活动
凉菜卤菜
有机蔬菜

別過巴塘，正向金沙江方向出發之際，我們小分隊一位旅伴小趙居然遺失了身分證，翻遍行李箱和各個口袋仍未能找到，大伙都跟著著急起來。眼看即將進藏，沒有證件是無法通過一路上的檢疫站，只好趕緊向當地有關管理單位查詢。經過了解，原來可在當地派出所補辦一張臨時證明文件，作為身分識別。整個補領過程很順暢，在巴塘這樣一個人口只有約五萬人的小縣城，公家人員的辦事效率卻特別快，真是出乎意料之外。只不過十五分鐘，我們的小旅伴就順利取得補領的文件，面帶笑容地從派出所走出來。

這次小插曲只是我們行程中眾多意外的第一道坎，後來發生的事，容後再述。

學生們聚集準備進入學校，秩序井然

第三天

過金沙江、入西藏

經過一番擾攘，大伙繼續踏上新征途，準備進入西藏！

天陰有雨，依然難掩我第二度進入西藏的興奮心情。十年前我曾隨團到過西藏幾個著名的景點如拉薩、林芝等地，跟當下小分隊自駕深度遊的差別相當大。此行在藏區為期十八天，也算是刷新了我在國內旅遊的記錄。

我們沿著 318 國道，直奔金沙江。它因含大量沙土，導致江水呈黃色而得名，古時又有「瀘水」、「繩水」和「淹水」等名稱。金沙江是長江的上游，同屬於長江流域一部分，它的源頭是青海省唐古拉山，流經川、藏、滇，金沙江波濤洶湧、水勢湍急，浪花拍打兩岸高聳的峭壁，元朝李京寫有「兩崖峻極若登天，下視此江如井裡」的詩句，描繪了金沙江險惡的地勢。

這雖然是我首度經過金沙江，卻因為毛主席的詩句「金沙水拍雲崖暖」，而對它懷有親切熟悉的感覺。一座金沙江大橋橫架在大江上，是連接川、藏兩省的界河和界橋。

↑途中經過的小鎮

大橋兩端分別標示了「四川」和「西藏」，是旅客們過江時的熱門打卡點。

車開過大橋，只不過幾分鐘時間，就從四川進入了西藏的芒康縣。因為疫情緣故，旅客入藏，免不了經過防疫檢查站。我因為持有的是港澳地區居民通行證，檢查站的電子系統無法辨認，未能像小分隊其他成員那般迅速且方便地通過，得由檢疫員進行必要的詢問，填報行程歷史和進藏行程，才終於獲得放行，與大伙一同往縣城前進。

↑正在興建的藏式民居

芒康縣是西藏的東大門，位於東南部，川、滇、藏三省交匯，在藏語的意思是「善妙地域」，過去是茶馬古道在西藏段的第一站。通過了檢疫站後，車子再開上318國道，一開始是雙線雙開的平坦大陸，接著逐漸進入「蛇行」的曲折路段。國道夾在峽谷之間，身旁伴隨前行的是濁浪滔滔，洶湧翻滾的金沙江支流——西曲。

隨著路面漸漸崎嶇不平，在約五十多米寬的峽谷間，對向來車竟不時出現較大型的貨車，我們的小陳師傅靈活閃避，但也足夠讓我們膽戰心驚。西曲兩邊盡是林木蔥鬱的崇山峻嶺，風光綺麗，我多次想停車取景，都因為公路太窄而未能如願。聽英子講，今年夏天雨水特別多，西曲上游好發水患，峽谷兩邊常有裸露的土石滑落，引致坍方和路面受損。為了修補落石造成的路面坑洞，一路上見到好些修路人員趕工，這可把小陳師傅忙壞了，眼睛緊盯前方不敢有丁點的放鬆，既要避開施工的隊伍和對向來車，又不忘注意突然的落石，以及攔堵在路上的石塊。經過兩個多小時，我們才終於脫離了較為糟糕的路況，走進芒康城區。

芒康縣很小，不到兩萬平方公里，人口也不過七萬多人，縣境內較為著名的包括芒康滇金絲猴自然保育區、莽措湖風景區和一座歷史悠久、屬於紅教寧瑪派的尼果寺等等，不過此行小分隊只是路過，稍事休整就要繼續趕路。我利用午餐的間隙，在城內繞了一圈，當地街道乾淨，環境幽靜，居民生活悠閒，是一座典型的慢活城市。

午餐後我們再度啟程，這一段318國道就與先前完全不同了，路面情況十分良好。我們此時已進入高原地帶，車窗外面美景不絕地映入眼簾，要麼是綿延的雪山，無垠的草甸，要麼是清澈的溪流，碧綠湛藍的湖泊，又或是迎風搖曳的五彩經幡，儘管山重水複的美景不斷，但到每一個景點，總讓大家驚喜連連。

進入芒康縣遇上的第一座高山是拉烏山，海拔高4,376米，與其他高山相較，算是一個比較平緩的山埡口，我與旅伴們一起在埡口的路標前留影。從埡口的山門牌坊環顧

四野，到處是茂盛的草甸、植被，覆蓋原本光禿的黃土坡，靜寂的山峰間漂浮著裊裊雲霧。

從山埡口下山，經過迂迴曲折的公路，路旁一片片成熟飽滿的青稞田，正等待藏民們收割；牛羊一群群在山坡草甸上悠閒覓食；藏式房屋、彩幡、白塔和轉經筒等灑落在山谷間、溪澗旁。這些充滿地方色彩的人文風情，在我們往後的路程中，成為常見的風景。

1 山上的五彩經幡與六字真言雕刻

2 藏式房屋、彩幡、白塔和轉經筒等灑落在山谷間、溪澗旁，是路程中常見的風景

下一站如美鎮位於群山之間，瀾滄江邊，已出現在我們的視線中。鎮的規模很小，人口只有五千多人，卻是川藏線上的咽喉要地。我想起一九五〇年進藏的第十八軍戰士們冒著嚴寒、飢餓、疲乏和負重，從四川樂山進軍，翻越雪山、跨過冰河，抱著「死在西藏、埋在西藏」的決心與勇氣，他們逢山開路，遇水搭橋，喊出了「讓高山低頭，叫河水讓路」這震撼人心的口號。

如美鎮是318國道上的必經之路，鎮上有兩座橋，一新一舊，相距三百米，都叫瀾滄江竹卡大橋。一條拱橋架在奔騰洶湧的瀾滄江上，兩岸是垂直的山崖陡壁，地勢險峻，橋側保留一座當年藏軍留下來的碉樓，外牆彈痕累累，訴說著過往的戰事。這裏還有一座專為保衛大橋駐軍而建的竹卡兵站。

小鎮建有一座紀念碑和一座烈士陵園，可見在如美鎮上發生過不少故事。紀念碑位於橋邊，刻有毛主席「為人民利益而死，就比泰山還重」幾個大字，是紀念在六零年代遭到西藏叛匪圍困在碉堡內的一排解放軍戰士。他們堅守陣地，被叛匪斷水斷糧，待救援的部隊趕至時，整排戰士已全部犧牲。後人為紀念這些英勇的戰士，在一九六七年建起這座紀念碑。至於橋後面的烈士陵園，則是為了建築瀾滄江大橋而犧牲的五十多名建橋戰士。無論是保衛人民、抗擊叛匪的戰士，還是與天險鬥爭的築橋戰士，他們無畏無

↑瀾滄江竹卡大橋

私的行為，都值得我們的致敬與感懷。

為了趕在黃昏前到達左貢，我們又越過海拔 5,130 米、川藏線上最高的東達山埡口，簡直與海拔 5,120 米的珠峰大本營比肩了。這是入藏以來，我第一次登上如此高的山峰。一般來說，海拔每上升一千米，氧氣就下降 10%，因此五千米左右的氧氣只有平地的 50%，因為不適合人類居住，甚至被稱為「生命禁區」。

我們到達東達山時，颯颯的寒風刺骨，天又飄起大雪，在強大風速的「助長」下，更覺得冷氣襲人。此地每年至少有十個月下雪，現在山峰已銀裝素裹，在雪霧中若隱若現，大伙彷彿進入另一個異域世界，拍出的照片也彷彿刻意設置成黑白畫面。面對如此惡劣的天氣，幸好小分隊全體成員都未出現高反，不過在氧氣稀薄的高山上，不宜久留，拍過照留念後，迅即沿著望不到盡頭的盤山公路一路向下，奔往今日的終點站——左貢。

1 銀裝素裹的東達山埡口

2 途中經過的民居和白色佛塔

3 途中向騎行者借車一騎

1
2

1 山中蜿蜒曲折的道路
2 群山之中的民居

第四天 從左貢到波密

驚險怒江七十二拐

今天天氣放晴，我一早起床，推開窗，迎面是雲霧繚繞的群山，遠山山峰在雲霧中若隱若現，美得像幅潑墨畫。

左貢縣位在西藏東南方的高山峽谷地帶，東達山、多拉山、茶瓦珠山和茶瓦多吉志嘎山等等都在縣境內，「兩江一河」的怒江、瀾滄江和玉曲河更是以「川」字型自北向南縱貫全縣。它是昌都市下轄的一個縣，西面毗鄰八宿縣。聽英子說，我們今日的行程總共得走四百多公里，費時約六個小時，而八宿縣就是途中會經過的一個站。沿途要攀山越嶺，不過風景十分怡人，有多處適合攝影的景點，不容錯過。四百多公里聽起來相當可觀，但其實算是小兒科，往後甚至有幾次在一天內走了長達六百多公里的路程。

事不宜遲，大伙用過早餐就準備出發。可惜時間緊迫，未能在左貢縣城停留久一點。縣城本身的規模不大，以一條主要大街貫通，街道相當整潔。

離開左貢縣後的318國道基本上是沿著玉曲河修築，玉曲河是怒江的支流，河如其名，景致秀麗，河道蜿蜒。我們一路前行，兩邊高山一座接一座，晨霧纏繞，大自然的畫廊十足是人間仙境。

途中穿過左貢縣大大小小的藏民村落。左貢同樣落實改革開放政策，尤其是318國道的開通，更讓全國各地喜歡自駕和騎行遊的旅客絡繹不絕。為提供旅遊服務，很多民居紛紛改成民宿和「藏家樂」的餐館，旅遊業帶動了經濟發展，藏民生活也隨之得到改善。公路旁邊見到不少兩層樓高的新樓房，牆上寫了「廈門援建項目」，這是在政府的號召下，動員全國省市對西藏加以援助，盡速建起新的樓房，改善藏民的生活。

1 高山綿延，晨霧纏繞，大自然的畫廊如人間仙境

2 途中經過的藏族村落

3 廈門援建的新樓房

在鄉間路上，我們偶遇一位藏族老人，她手持佛珠，腰板硬朗，精神豐鑠。我舉起相機為她拍照，她表現得有些羞澀，卻不閃避，待我拍照後，還向我揮手告別，態度非常友善。

左貢之後，接下來要路過的邦達鎮已屬於八宿縣，它是藏南線和北線的交匯點，也是過去「茶馬古道」的必經之地。前往邦達的318國道夾在田野和河道之間，此段道路難得平坦，暢通無阻，我們所經過的藏家村落櫛比鱗次，讓我不禁聯想到前段時間深度旅遊時造訪過的瑞士小鎮。

現在正是秋收季節，路旁的田間正上演著「青稞成熟時」。青稞是大麥的變種，一年收穫一次，因為耐寒與適應性強，成為西藏的主要作物，西藏被稱為「青稞之鄉」，確實當我們進入西藏後，青稞幾乎隨處可見。在公路邊，我們巧遇一群正在農地裡忙碌收割青稞的農民，於是把車停在路旁，走近一點觀察。只見他們彎下腰身，揮動鐮刀的熟練動作，此情此景，竟然與米勒名畫《拾穗者》有幾分相似。

1 在左貢遇到的藏民

2 秋收季節，放眼望去一大片的青裸田

藏人揮動鐮刀收割的熟練動作，此情此景，與米勒名畫《拾穗者》有幾分相似

我們一路和蜿蜒流淌的玉曲河相伴，只怪一路的美景太多，每個都不想錯過，唯有讓車走走停停。也由於時間不多，我們並未進入邦達鎮逗留，掠過之後，旋即沿著迂迴曲折的盤山道路一路向上，未幾就到達山腰間的觀景台。從這兒俯瞰邦達鎮，見到一片大草甸，彷彿一塊由低矮茂密的大蒿草和苔草織就的毛茸茸綠色巨毯，景色無比壯闊。

車子緩緩往上爬，由於山勢起伏較大，行車間我們並未注意到海拔高度，直到車子開到業拉山埡口，見到路邊的標示牌寫著「業拉山．海拔 4,658 米」，我才赫然發現自己竟又來到了一座高峰。業拉山，又叫怒江山，山頂上的地質很

↓從高處俯瞰邦達鎮

1 2

1 兩台卡車在彎道會車

2 有名的怒江七十二拐

特別，裸露的岩石因風化等作用，呈現灰白色，扭曲奇特的模樣，怪石嶙峋，形似喀斯特地貌。

在埡口觀景台前面，形成一列長長車龍，大家自然都為一睹川藏著名的天險——「怒江七十二拐」而來的。我與兩位旅伴在兩個月前曾遊過四川秀山，見識到「四十五道拐」的自然景觀，當時彎彎曲曲的道路已讓我大為震撼，這次的「七十二拐」更有過之而無不及。我從觀景台探頭往下望，盤山公路連續不斷的大彎道看起來刺激驚險，令人瞠目結舌。我聽身旁有旅客提到，這些蜿蜒扭曲、拐來拐去的羊腸道不只七十二拐，實際上應該有一百三十道拐之多！在我們觀看七十二拐的期間，留意到幾輛大貨車正好拐過幾乎對折的彎道，令人不禁要為駕車師傅們捏一把冷汗，也不免更為佩服築路工人開鑿道路的艱辛。

又被稱為「九十九道回頭彎」的「怒江七十二拐」是公路的奇觀，每年不知有多少電單車（摩托車）和單車騎士來到這段千迴百折的盤山公路挑戰自我的勇氣和技術。這段路同時也是部隊運送物資的通道，當我們路過山埡口時，與為數近百輛的軍用運輸車擦身而過，浩浩蕩蕩好不威風。當然，盤山公路的開通，更縮短邦達與八宿之間往來的路途，加速當地旅遊業發展。

「勇士山腳下的村莊」，這是八宿在藏語中的意思。我們下山後，舉頭回望這條掛在山坡上的「天路」，更能深刻體會到在藏語中的含意，若然沒有足夠的勇氣和膽識，肯定不敢行走這段路。八宿是一個多民族的縣，藏族占多數，其餘還有十三個少數民族在此和諧生活，這裡有非常豐富多元的人文風俗，最特別是每年的八月，當地民眾一連數天會聚集在草原上舉行賽馬競技活動，非常熱鬧。可惜我們遲來了一個多月時間，錯過了這場盛事。

怒江大橋的故事與怒江大峽谷

大伙繼續前行，沿國道旁是澎湃洶湧的怒江，上游在藏語中叫做「那曲」，發源自唐古拉山脈的南麓。怒江全長 3,240 公里，在中國境內有 2,013 公里，離開西藏後流入雲南，至緬甸後則改稱作「薩爾溫江」。

車行不遠處，是新的怒江觀景台，工程仍在進行中，不過即將落成。聽說工程完成後，會有一條鏤空的玻璃棧道延伸至江中，到時候旅客可以踏上棧道，近距離感受怒江的險奇。而在觀景台未完成前，我們為了盡覽怒江的險峻壯觀，紛紛攀上崖邊的岩石，鳥瞰腳下奔騰怒吼的滔滔江水。

↓穿山而過的舊怒江大橋及前方孤獨矗立的橋墩

從前當地人若想要過江，溜索是唯一的過江工具。直到西藏解放後，一九五三年才在河道架起大橋。怒江兩岸盡是垂直的岩壁，鑿壁架橋實非易事。當年建橋的解放軍戰士奮不顧身，幾經艱險，才將跨江大橋建成。從過去拍攝的黑白照片中，可以見到當年建橋築路的艱困環境。七十年過去，怒江上早已架起大橋，昔日的天險變成坦途。再走一段路，前方就可見到一座曾經不准拍照的舊怒江大橋。大橋穿山而過，由於地理位置險要，是川藏公路線的咽喉，加上當時只有這座大橋能讓大型的貨車通過，重要性不言而喻，過去全天有軍隊站崗守衛，以確保橋梁的安全。如今新橋已經在二〇一八年通車，舊怒江大橋不再使用，現場也未見兵士駐守，只留下一座空蕩蕩的建築物。

通過新怒江大橋時，我們留意到路邊停了一排車輛，旅客們紛紛下車，站在橋邊觀望，於是也跟著一起下車查看究竟。俯首望去，只見在新橋與舊橋之間，還完好地保存了一座孤獨聳立的橋墩，橋墩前面還有個插上國旗的小石碑。這裡面原來有一個令人動容垂淚的故事：一九五三年建造大橋時，一名年輕的戰士正查看工程，或許因為太過疲累，不小心失足掉下正灌入混凝土的橋墩，在工地的其他戰士們雖然想盡辦法要營救他，卻始終無計可施，最終只能懷著傷痛讓這個年輕的生命永遠留在橋墩中。最初建造的老橋早已拆除，但這座舊橋墩則留存下來，成了聳立在洶湧怒江中的一座豐碑。

↑怒江大峽谷被評為中國十大最美的峽谷之一

不僅是這個年輕的戰士，川藏線上為修橋築路犧牲的戰士不計其數，許多旅客行經此地，會下車擺放水果、煙酒等，並且鳴笛向犧牲的戰士們致敬。大橋附近的崖壁上也刻有「怒江兩岸出英雄」的題字，永遠銘記戰士們的英勇事跡。

緬懷了修橋築路的英烈後，接下來就進入 318 國道怒江大峽谷的路段了。

怒江大峽谷又名「東方大峽谷」，被評為中國十大最美的峽谷之一，起自西藏察隅縣察瓦龍鄉，止於雲南怒江傈傈族自治州的六庫鎮，跨越川、滇、藏，深深吸引喜愛探祕的自駕遊人士，被稱為是一條最神祕、最美麗險奇和最原始古樸的峽谷。

1 怒江大橋

2 國道 318 建在高山懸崖峭壁下，另一邊是瘋狂衝刺咆哮的怒江激流我們的車走在318國道上，它就建在高山懸崖峭壁下，另一邊是瘋狂衝刺咆哮的怒江激流，洶湧激盪的江水不斷沖刷河谷兩岸，受限於狹窄的河道，江水的流速更加湍急，猛力拍擊著江中岩石，巨大的聲響如雄獅怒吼，迴盪於峽谷之間，令人心驚膽寒。今天我們行經的峽谷只是西藏境內的一小段，就已經感受到它的奇險，讓人屏息。

走在公路上，發現不少從山上掉下的大岩石，路面亦鋪上不少碎石。原來今年夏季降雨量奇多，導致泥石流爆發，連公路的一半都被砸毀，國道因而關閉了一段時間，幾天前才剛恢復通行，讓我們免去花上一倍的時間繞道而行。不過路面尚未完全修復，大家唯有減慢車速，在顛簸的路況下謹慎駕駛，我也藉機好好地欣賞峽谷風光。道路兩旁盡是海拔三千米以上的高山雪峰，絕崖如削，壑深萬丈，下面是奔騰翻滾的怒江，河水十分混濁。險灘、峽谷、溪流、瀑布，雄奇壯觀的風景一再說明大自然的鬼斧神工。

旅程中的緣分、驚喜與意外

好不容易才通過蜿蜒百里的峽谷國道，大伙來到白馬小鎮，草草解決了午飯。再次上車出發，一行人非但沒有任何疲憊，反而有種對於未知的期待興奮感。

在繼續前往波密的路上，可以看見不少朝拜的藏族人民。有位約廿來歲的年輕小夥子，手戴護具，套著護膝，身前還掛了毛皮衣物，以「五體投地」磕長頭的方式行進。

磕長頭是藏傳佛教信仰者虔誠的拜佛儀式之一，方式是首先立正姿勢，雙手合十胸前，口中一邊誦念六字真言「唵嘛呢叭咪吽」，雙手合十高舉過頭，雙手合十移至面前，再合十移至胸前，接著雙手自胸前移開，前身與地面平行，掌心朝下，膝蓋先著地，然後全身俯地，額頭叩地面，再站起，重新開始，循環不斷。五體投地代表「身」敬；口中不斷念咒是為「語」敬；心中念佛是為「意」敬。

磕長頭基本上包含行進和原地。行進可能是從遙遠的故鄉開始，沿著道路，三步一磕，目的是前往拉薩朝拜；或是圍著寺廟、神山、聖湖磕長頭，通常是以順時針方向行進，同樣三步一磕，口誦六字真言。原地磕長頭則可能在寺廟的裡面或外面，在地上鋪一塊毯子，以跟行進同樣的方式磕長頭，除了並沒有往前移動。

↑ 途中遇到磕長頭的藏民

許多藏人從千里之外一路磕長頭至拉薩，有的甚至會花上好幾個月甚至好幾年的時間才能到達，他們以身心來實踐心中的信仰。對這種信仰，我們平常人很難理解，卻是深入他們靈魂深處的精神支柱。我們特地下車跟這位小夥子交談，知道他從巴塘出發，目的地是拉薩大昭寺，已經走了一百五十二天，每天平均走四公里，還要根據當天的天氣情況來調整行程。交談中，當他得知我是香港人時，小夥子滿臉詫異不敢置信，對於這輩子可能都生活在大山裡的人來說，香港大概仿如是另一個遙不可及的世界罷！

八宿到然烏湖間，有段又窄又險的路，不過風景卻是極致的美，小飛瀑淩空而下，更有「浮雲不共此山齊，山靄蒼蒼望轉迷」的水墨山水之美。自然的美，才是大美！

↑ 與磕長頭的年輕小夥子合照

出了八宿縣界，就是然烏湖景區了。然烏湖是山體滑坡或泥石流堵塞河道而形成的堰塞湖，雅魯藏布江最大支流帕隆藏布的主要源頭。實際親眼見到的然烏湖並沒有如網上圖片上顯示的那麼清澈，反而呈現灰綠色，甚至有些混濁。然而當湖面靜止下來，藍天與雪山完整而清晰地映在湖中，湖水和對岸的連綿雪山交融在一起，水天一色，如夢似幻；又或者湖水被微風吹拂泛起漣漪時，倒映的雪山與湖岸邊的草甸也跟著產生波動，模糊的倒影頗有幾分印象派的意境，妙不可言！

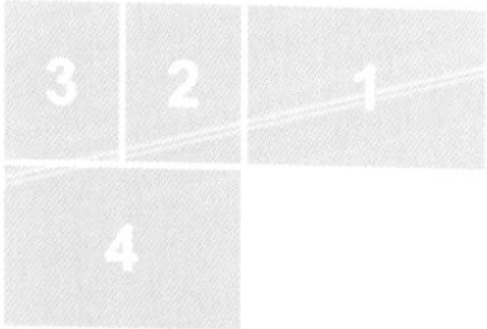

1 八宿到然烏湖間，有段又窄又險的路，不過風景卻是極致的美

2 小飛瀑凌空而下，景色十分壯觀

3 然烏湖地標

4 湖面為灰綠色，甚至有點混濁的然烏湖景區

然烏湖

1 意外發現一列紅崖壁，景致恰似丹霞地貌

2 抖音上的網紅涉水路

這天還有兩段小插曲：下午從白馬鎮出發時，車子壓過一個路坑，居然導致爆胎。不過等待維修的過程中，我意外發現一段美景，對岸一列紅崖壁，景致恰似丹霞地貌，真是「塞翁失馬，焉知非福」。

此外，318國道沿線的米堆冰川下，有一段被水淹過的路面，近年成為抖音上的網紅涉水路，凡是汽車經過此處，大家都開足馬力，奮力衝過淹水的路段，水花濺起，不單刺激有趣，也順便給車子「洗個澡」。我也請小陳開動四驅車，來回幾次穿行，玩得不亦樂乎。古有東坡先生「聊發少年狂」，如今我老玩童「人生在世不滿百，誰敢笑我鬢髮白」！

這一天美好的旅程臨近結束，我滿心歡喜，若可以此作為一天的終結，應當最是完美不過了。無奈事與願違，真正的「精彩」以一種始料不及的方式拉開了序幕。

鑒於國內瞬息萬變的疫情形勢，出發之前我做了充足準備，核酸檢測，行程檢查，包括我香港居民的身分是否需要特別準備檔案等等，經過多方諮詢，確認每一個細節，直到出發前一天，還用電話加以詢問，以免地方檢疫政策朝令夕改，為自己也為他人的安全考慮。我自認為已顧慮到每一個細節，兩天以來行程的順利通行也證明了之前的準備沒有白費，直到玉普檢查站。

這是我進藏後遇到的第三個檢查口，也是前往目的地波密的最後一個通行站。有了前兩個檢查站的經驗，我認為不會出什麼意外，也因為一整天的美好旅程就快要結束，心情一直很愉悅。不料因為我的香港身分，檢疫人員竟突然要求我提供內地居住證，或是必須在波密隔離二十八天，否則只能原路返回。這項要求猝不及防，且無論哪個方式，對我來說都是不能接受的。經過多番唇舌解釋，耗費兩個多小時後，他們讓我在承諾書上簽字畫押，才終於放行。這是人生的第一次，也算是長了見識。對於檢疫站上的遭遇，我唯有嘆一聲無奈！

1 途中遇到的騎行客

2 從然烏湖到波密的沿途景色

第五天

魯朗石鍋雞齒頰留香

儘管經歷了一番小波折，我們還是安全到了波密，且絲毫沒有影響遊玩這個魅力小縣城的興致。波密是個相當神奇的地方，冰川在這裡聚集，皚皚雪山隨處可見，更有繁茂森林，幾種自然景觀在這裡完美結合。

被好幾種自然景觀包圍的波密縣城

休息一宿，一大早我們的小分隊沿著帕隆藏布一路前行，帕隆藏布是雅魯藏布江水量最大的主要支流之一，發源地就是我們前一日到過的八宿縣然烏湖。這裡有豐富的降水和冰川融水，也是江水水量豐沛的原因。進藏幾天來，我覺得這段沿江路是目前最美的一段。318國道旁生長大片的雲杉林，鬱鬱蔥蔥、高聳入雲，使國道成為一條綠意盎然的林蔭大道。陽光透過間隙撒落在地上，形成五彩斑斕的圖案，道路在不經意之間成為了畫布。左手邊的帕隆藏布在晨霧籠罩下顯得格外漂亮，遠山近水被一層

薄薄的白色霧氣所包圍，如夢如幻，眼前草木蔥綠，江水蜿蜒，濃霧如雲，與連綿山巒纏繞在一起，引人遐思無限，彷彿一幅渾然天成的水墨畫。如此美景，一行人除了驚歎連連，唯有拿著手機、相機拍個不停，然而費盡心思，恐怕也只能捕捉其中一小部分的美罷了！

草木蔥綠、江水蜿蜒、濃霧與連綿山巒纏繞在一起

↓通麥特大橋前也有 318 國道此生必駕的地標打卡點

不過，318國道的波密段屬於坍方泥石流頻發路段，又再次考驗小陳師傅的駕車技術，其中最為艱險的一段當屬通麥天險了。通麥天險俗稱排龍天險，道路狹窄陡峻，且是「亞洲第二大泥石流群」，僅次於甘肅省的舟曲縣。通麥是帕隆藏布與雅魯藏布江即將匯合的地方，由於受印度洋暖濕氣流影響，降雨量特別多。每當遭遇風雨或冰雪融化，就很容易發生高山落石、泥石流和坍方，橋梁也屢屢被山洪沖毀，一年之中這類的災害甚至可達三百多次。又有「通麥墳場」的外號，這名稱聽來就讓人覺得危機重重。川藏線被形容為「川藏難，難於上西天」，指的就是這個路段。全長十四公里的路平均要走兩個小時左右，是川藏線最險峻的一段路。

不過曾經令所有跑川藏線的司機心中都為之一顫的名字，現在已經變成了過去式，318國道上「通麥特大橋」的建成，使天險不再。這座大橋跨越帕隆藏布的支流易貢藏布，全長四百一十五點八米，主跨為兩百五十六米，高五十九點五米。在它之前還有兩座不同時期修建的通麥大橋，第一條鋼筋水泥的大橋建於一九五〇年代，不過二〇〇〇年四月被洪水沖毀，因而蓋了一座保通性的懸索吊橋使318國道得以暢通；同年十二月，又建起第二條汽車保通便橋，不過它常發生事故，而且承重量只能達到二十噸，一次只能讓一輛車通過，不敷使用。今天三橋並排，成了江上的一道風景線，更見證了川藏線建設者的艱辛與輝煌，令人又是欽佩，又是感慨。我後來特意查了這段歷史，在通麥大橋附近有一座「無限忠於毛主席的川藏線上十英雄」紀念碑，為的是紀念一九六七年八月二十九日，為執行川藏線運輸任務，在帕龍山崩中犧牲的十名解放軍官兵。大伙來到通麥大橋觀景台，遠望橋下在雲海間林立的雲杉，想起腳下的天險變通途，今人得以安全順利地穿梭於這段道路，又怎能不感恩築路戰士們「山崩地裂無所懼，越是艱險越向前」的努力？

攻克了通麥天險後，我們繼續沿國道緩緩登山，沒多久就到了魯朗。魯朗坐落在深山老林中，在藏語中，魯朗是「龍王谷」的意思。當地植被豐盛、林木茂密，民居散布在灌木叢和草甸之間，活脫脫構成了一幅「山居圖」。記得十年前我初訪之時，正值夏季，今次來到已近中秋，季節不同，景色大異。魯朗林海的樹木已換上淡黃色的衣裝，估計再過一個月，就要染上金黃的秋色了。

1 途中經過一片金黃的青稞田

2 行經的藏式民居

這裡有一項出名的特色美食——石鍋雞，來到魯朗，是遊客必嚐的菜式。由於導遊英子的大力推薦，我們就以它當午餐。

石鍋雞的鍋裡燉的是藏雞，是「運動健將」的走地雞，並經過好幾小時的燉煮，才能達到「骨肉分離」的程度，不僅如此，還有當地的手掌參、野天麻、野當歸，以及藏貝母等高山上的野生食材作為輔料。但最重要的，還得依靠一口石鍋。這可不是用一般石頭製成的鍋，而是用一種叫做「皂石」的雲母石砍鑿而成，且這種石頭僅產於林芝下轄的墨脫。據聞這皂石在當地可用鋼刀削下，而且削石如泥，可是一旦離開墨脫，同樣的石頭就變得堅硬如鋼鐵，令人嘖嘖稱奇。為何具有此種特性，至今不得而知，非常神祕。話雖如此，我也僅當做是一般傳奇故事，聽聽就好。石鍋來歷講究，製作過程更有一定技術。我特地打聽一下，到底一口石鍋要多少錢，叫價要人民幣兩、三千元左右，價格確實不便宜啊！

一鍋地道的魯朗石鍋雞端上來，實際品嚐過後，覺得雞肉有點老，不過雞湯鮮美，餘味無窮，令大家讚不絕口。不管怎樣，我們也算是親自享用過魯朗這因為一口石鍋而享譽盛名的名菜了。

↑特色美食——石鍋雞

←个 林拉高速沿途風光旖旎，景色迷人

魯朗之後，馬上就要通過「太陽寶座」林芝。我十年前曾經到過林芝，「西藏江南」的漂亮景色記憶猶新，不過今日為了趕到拉薩，只是路過而未有久留。

提到林芝，大家的第一印象應該是它的桃花，每年三、四月分是林芝的桃花季，一路上導遊英子不斷跟我介紹林芝的美和春天的桃花盛宴。甚至有人說，錯過了林芝，就錯過了中國最美的春天。雖然我們錯過了這年最美的春天，好在還有秋天可期，九月初其實還不算是西藏的秋季，因為此時樹葉還沒有完全變成金黃色，卻已開始顯現出顏色的差異，綠色、淡黃色和深黃色夾雜，顏色愈顯豐富。

前方50米加油站
内有车辆出入
请减速慢行
巴宜区公安局交警队 宣

↑夜間的布達拉宮與倒影

我們的車子行駛在連接林芝和拉薩的林拉高速上，一路坦途。這條高速是國家耗資三百八十億（人民幣）打造出來，唯一一條不收費的高速公路，全程經過不少橋梁和隧道。礙於時速的規定，小陳師傅未能在這裡上演一齣「速度與激情」（臺灣譯為「玩命關頭」），安全為上。

林拉高速一路伴著尼洋河，沿途風光旖旎，景色迷人，如一幅流動的畫卷。尼洋河發源於西藏的米拉山，是雅魯藏布江北側的最大支流，串起西藏無數的高原美景，無論是森林雪山、草原河流、農田濕地……蜿蜒的尼洋河水碧藍透澈，我們也跟著一邊前行、一邊拍照。

到達拉薩已接近八時，因為高原關係，這個時間的拉薩依然日光充足。我們到一家藏式的特色餐廳，先來一頓手抓羊排，大家都認為此乃入藏以來的最佳菜餚。

祭過五臟廟後，立即夜遊布達拉宮廣場，這應該是今天的重頭戲了。即使時間已晚，廣場依舊十分熱鬧，我見到不少旅客在廣場上拍照、拍視頻，以各種造型姿勢與身後的布達拉宮合照。夜晚的布達拉宮亮起璀璨的燈光，竟如白日一般耀眼，在沉黑的背景烘托下，更有種「仰之彌高」的神聖和壯觀。

我們小分隊的成員們都曾經在網上看過布達拉宮倒影的網紅照片，非常有意境，可是今晚天氣清朗，明月當空，廣場的地面根本沒有任何水灘，如何能拍出倒影呢？只見小陳不慌不忙把手中的礦泉水傾注在地上，用人工的方式營造出一潭水，並立刻以趴著、俯臥等姿勢在地上取景，果真拍出了布達拉宮倒映水中的漂亮畫面來，果然是高手在民間啊！

其實還有一個地方更適合拍攝布達拉宮倒影，也用不著把腦袋貼在地面上找角度，廣場上有個音樂噴泉，只要留待音樂噴泉結束後，地上自然留下一片水漬，雖然距離遠一點，然而從這角度來拍攝，卻能一覽無遺地留下完整而開闊的布達拉宮全景。

很多旅客租來了顏色鮮豔的藏族服飾，連同全套妝髮，在布達拉宮前拍起一幀幀寫真。我也加入了攝影團，藉這些擺出各種姿態的美麗模特兒，拍到不少難得的「豔」照。這個晚上收穫滿滿，不亦樂乎！

今年（二〇二一年）剛好是西藏和平解放七十周年，為了慶祝中國共產黨的偉大成就，布達拉宮廣場上矗立的和平解放紀念碑也投射了耀眼燈光，見證這場「短短幾十年跨越上千年」的奇跡。我們在此佇足許久，跟廣場上的大眾一同分享西藏的喜悅。

↑遊客在布達拉宮廣場上穿著藏族服飾拍照

第六天

日光之城巡禮

繼二〇一一年「坐著火車去拉薩」，這趟我是自駕四驅車前往，兩次使用的交通工具不同，目的地一樣是「日光之城」拉薩；它是西藏自治區的首府，是藏民心中的聖地。

雖然拉薩平均海拔三千六百多米，是世界上海拔最高的城市之一，然而這般的高度對我們這一路驅車翻越過眾多高山埡口的小分隊來說，已經司空見慣，毫無壓力了。但若是首次來拉薩的朋友，我倒是建議選擇乘坐火車，從平原地帶逐步爬升會較容易適應。如果一開始就從平地直接乘飛機而來，抵達拉薩時必須更加小心，以免出現高反。

↑旭日初升，逐漸將布達拉宮鍍上金光

拉薩四周群山環繞，不過城內山少，拉薩西北方有一座瑪布日山，宏偉莊嚴的「聖宮」布達拉宮就建在這座小山上。它是當今世界上海拔最高的宮殿建築，也是西藏現存規模最大最完整的建築群，贏得「世界屋脊的明珠」的美譽。

1 日出之前的布達拉宮

2 天亮之後的布達拉宮

一九九四年十二月，聯合國教科文組織列其為世界文化遺產。布達拉宮已有一千三百多年歷史，最初是吐蕃王朝贊普松贊干布為迎娶唐朝文成公主而興建，但其並非一次就建造完成，歷代的達賴喇嘛們想要建一個政教一體的地方，布達拉宮成了最佳的選擇，促使它成為西藏政教合一的統治中心。最初的建築已被雷火毀去，後來的建築是在十七世紀開始重建，並陸續加以修築擴建。目前的建築外觀十三層，內部為九層，主體建築為紅宮、白宮，以及作為喇嘛居所的扎廈。宮殿的牆身是用花崗岩砌築，紅色的部分則是叫做白瑪草的植物，加上金光生輝的宮頂，整座「聖宮」猶如懸建在陡峭的山岩上，背襯著藍色天空，不論從任何角度觀看，都展現出那令人震懾的美態和至高無上的神聖地位。

我們為了一睹「日出布達拉宮」的壯麗景觀，一早就登上布達拉宮斜對面藥王山的山腰觀景台，此刻已吹起集結號，不少攝影同好早已聚集在此，架起「長槍短炮」嚴陣以待。眼看著旭日初升的時間將至，所有人雙眼緊盯前方，就怕錯過太陽自遠山緩緩爬升起來的一剎那。陽光由遠而近，逐漸將布達拉宮鍍上金光。可是當天晨霧太濃，萬丈光芒驟然失色，未能出現「金光照聖宮」的最佳景觀，大家不免感到有些失望遺憾，不過我個人倒是已經心滿意足了。

个用 50 元人民幣與布達拉宮合照

隨著天色漸亮，開始有旅客拿出五十元面額的人民幣，對著布達拉宮拍照，原來是為了拍攝出具有趣味性的拼圖合影，真是有創意。大家都知道最大面值的人民幣一百元背景圖案是人民大會堂，僅次於它的五十元面值背景圖就是布達拉宮，但鮮少有人知道最初設計稿中的主景圖案是黃山，用意是展現壯麗山河，不過當時中央領導人認為應體現我國多民族的大團結，於是將黃山改成了布達拉宮了。

拉薩與全國其他的景點一樣，因為防疫抗疫的緣故，對進入參觀布達拉宮的旅客有嚴格的人流控制。我們幾位成員先前都曾到訪暢遊過，這次便沒有安排「登宮」的計畫，把重心擺放在拉薩的其他景點上。

有人說「去拉薩而沒有到大昭寺就等於沒有來過拉薩」，西藏的民間更有「先有大昭寺，後有拉薩城」的說法，大昭寺位於拉薩城關區八廓街，也是藏王松贊干布建造，鎮寺之寶是文成公主進藏帶來的釋迦牟尼十二歲等身鍍金銅像。寺廟最初稱為「惹薩」，後來變成城市的名稱，演變至今，則成為「拉薩」。大昭寺是西藏地區最古老的一座仿唐式漢藏結合木結構建築，隨著歲月而有所增建，而今殿高四層，屋頂覆蓋金頂，在陽光照耀下，金光熠熠，耀眼奪目。

1 大昭寺前廣場

2 大昭寺中庭

我們進寺時，正逢寺內僧人因節日休假，沒有看到眾僧誦經的盛大場面，主殿空留一個個排列整齊的坐墊。大昭寺內是不允許拍照的，我們跟著寺內的專職導遊，順著參觀路線先進入院落，經過繪有佛祖壁畫的迴廊，逐一進入不同的殿堂，包括釋迦牟尼殿、宗喀巴大師殿、松贊干布殿、班旦拉姆殿和藏王殿等。當我們經過釋迦牟尼十二歲等身像時，有一位老奶奶正在請寺內僧人為這座佛像刷金，聽導遊說，老奶奶至少用了她一年的積蓄來買金箔。在藏民心目中，佛像就是佛

↓大昭寺主殿放著一個個排列整齊的坐墊，上面可見到格魯派僧人戴的黃帽

祖的化身，為佛像刷金被視為無上的功德。也是因為這座佛像，使得大昭寺在藏傳佛教擁有至高無上的地位，千百年來香火朝拜絡繹不絕。

大昭寺主殿外，沿著千佛廊後面，有一條轉經筒廊，叫做「囊廓」，我並未仔細計數，聽說有三百多個經筒，信徒順時針方向轉一圈最少要半個多小時，我並未進行這個祈禱「轉經」儀式，不過為了等候兩位成員遊走一圈，我便花了一些時間欣賞轉經廊兩旁牆上一百零八個佛本生故事圖。

↓大昭寺的轉經筒廊

大昭寺門前有一處燃燈房，常年供奉著數量眾多的酥油燈，點燃這些酥油燈的人們懷抱著祈求世界和平的溫暖祝願，在光影搖曳間傳達著人世間的美好。大昭寺就像一盞永不熄滅的酥油燈，照亮人們的心靈，不管你是不是佛教徒。就如大昭寺的法輪屋頂般，在道不盡的人間滄桑後，永遠陽光普照、悠閒安靜。

這裡一直是香火鼎盛的「聖地」，任何時候都可以見到信徒們在門前虔誠地磕長頭，即便是疫情期間亦如此。我們這次行程，曾數度往返大昭寺，每次都遇到不同的善信，不過他們的叩拜始終如一，動作一絲不苟，甚至有些信徒還嫌叩拜動作不夠嚴肅，特地用繩子將腿綁起來，使五體投地更徹底。

拉薩市內還有其他大大小小的寺廟，我們也逐一拜訪。它們只有大小之分，信仰卻無輕重之別。

大昭寺周圍就是著名的八廓街，藏族人稱其為「聖路」，這是一條無數朝聖者用腳步、在身體俯仰之間走成的千年轉經路。如今也是拉薩的商業中心和旅客必遊的地方，店鋪、餐館和古玩店林立。這裡的傳統面貌依然保存得很好，在一條條老街窄巷中能看到藏族百姓尋常又傳統的生活方式。店鋪前的台階上，老樹下的長椅上，經常可以看到三五成群的本地藏人搖著轉經筒、手持念珠，或閒話家常，或是看著街上熙攘的遊客，悠然自得，自有一份靜謐。

1 大昭寺一隅

2 門環上綁著五彩金剛結和哈達

风干牦牛肉专卖

八廓街上有一座醒目的小黃樓瑪吉阿米，相傳曾是六世達賴倉央嘉措與情人幽會的場所，現在已經成了一個網紅打卡地，更有許多身著藏族服飾的年輕男女在此拍照，還請了職業攝影師為他們拍寫真。可惜不時傳來指導動作的呼喊呵斥聲，讓這兒有點像市場的嘈雜，氣氛頓失，也很不禮貌。

1 大昭寺周圍就是著名的八廓街

2 八廓街上的僧人

這兒還有不少景點，包括相傳由文成公主親手在大昭寺正門前栽種的柳樹，所以稱為「公主柳」。另外還有不少達官貴人的舊居，像是清朝駐藏大臣所在的沖賽康、松贊干布時期吐蕃著名重臣，也是藏文創造者吞彌・桑布扎的府邸，以及達賴喇嘛和家眷居住過的桑珠頗章和木如寧巴。四根被稱為八廓街「靈魂」的巨型經柱，我們也都一一經過。

1 小黃樓瑪吉阿米相傳是六世達賴與情人幽會的場所

2 清朝駐藏大臣衙門沖賽康

清政府驻藏大臣衙门
冲赛康

在這兒為大家補充一下：拉薩共有三條轉經路，分別叫「小轉」、「中轉」和「大轉」。上面講述過大昭寺的轉經廊，是為「小轉」；在店鋪密集的八廓街轉一周，是為「中轉」；最後的「大轉」是最長的一條路線，就是繞著布達拉宮，包括大、小昭寺，再經過老城區，走一圈約十公里。我們自知體力不繼，選擇從布達拉宮側面的轉經筒旁開始，繞到後面龍王潭的出口，單是這樣大家已經疲態畢露了，而當地的藏民幾乎每天都恭恭敬敬地以順時針方向轉一次。聽英子說，藏民要轉遍這三條路線，才算一次圓滿的祈禱。要當一位虔誠的信徒，真不是件容易之事。

1 八廓街上悠閒坐著的藏民

2 八廓街上拿著轉經筒轉經的人

晚上的時間，我們來到拉薩河邊的文成公主實景劇場，這兒與「聖宮」隔著拉薩河遙相對望。《文成公主》大型實景劇講述當年文成公主入藏聯親的故事，她一路風雨兼程，忍受思鄉之苦，最終來到拉薩與松贊干布成親。

1 俯瞰布達拉宮廣場與和平解放紀念碑

2 布達拉宮建在瑪布日山上，宏偉莊嚴

3 白宮最頂層的日光殿是達賴喇嘛生活起居處理政務的地方

↑文成公主實景劇

劇場依山勢而建，布景更和周邊群山融合在一起，達到借景的效果。演出中還有駱駝、山羊和馬等真實的動物參與，無論是牧羊人驅趕羊群，或是騎乘馬匹奔馳的騎士，都使演出更顯真實。有趣的是演出中為了表現天氣而做的設置，雪雨不單只出現在舞台上，甚至連觀賞的座位區都飄下了人造雪雨，大家有如親臨其境，驚喜萬分。整場演出長達九十分鐘，不僅劇情吸引人，在視聽方面都十分精彩，十分值得推薦。我還見到觀眾抱著氧氣瓶，即使不斷吸氧，都不願提早退場，可見它的深受歡迎。劇中開場的那句詞「天下沒有遠方，人間都是故鄉」，這句話對於我這位縱橫世界的旅人，感同身受。

返回酒店路上，英子再為我們補充了一段大昭寺的故事：傳說在七世紀中期，亦是吐蕃王朝最鼎盛的時期，當時的尼婆羅（即今日的尼泊爾）為了與吐蕃王朝結盟，將尺尊公主嫁給松贊干布，公主進藏時攜來一尊明久多吉佛像，也就是釋迦牟尼八歲的等身像，非常珍貴。松贊干布為祂蓋起了一座大寺廟，便是大昭寺。直至八世紀初期，才將該尊佛像移到小昭寺，並將文成公主帶來的覺阿佛像──釋迦牟尼十二歲等身像──遷至大昭寺供奉。

八廓街上充斥著穿藏服的旅客

這一天跟著藏民信徒走在拉薩市內，觀日出，走入「轉經」的八廓街，聽故事，欣賞演出，非常充實。在這座聖城裡，充滿聖蹟和宗教文化，然而我們只預計停留兩天，時間上不容許將所有的景點全走過一遍，只能囫圇吞棗，走馬看花，就準備收拾行裝，再度出發了。

第七天

天上的仙境、人間的羊湖

一大清早，大伙暫別拉薩。因為行程後來經過多次改動，「聖地」拉薩因此成了我們西藏之旅的一處重要中轉站，我們小分隊反覆來回了三次，可謂與拉薩結下了深厚的情緣！

導遊英子一早就預告當天的行程，首先要到離拉薩約三小時車程，有「天上的仙境，人間的羊卓。天上的繁星，湖畔的牛羊」美稱的羊湖「朝聖」。

羊湖也就是羊卓雍措，藏人心中，羊卓雍措與納木措、瑪旁雍措並稱「西藏三大聖湖」。在西藏我們遇到許多湖的名字都有個「措」或者「錯」字，「措」在藏語中就是湖泊的意思，至於「雍措」的意思則是碧玉般的湖泊。它又稱裕穆湖，是「天鵝湖」的意思。羊湖的名聲實在太大了，我們早就期待能一睹它的風采。

去羊卓雍措走的是 349 國道，我們越過一座又一座山峰，第一個落腳點是雅江河谷觀景台，海拔 4,208 米，這兒是到羊湖的必經之地，旅客們通常都是被眼前景色吸引，

1 離開拉薩後的沿途風景

2 雅魯藏布江旁的藏獒，付錢就能與牠拍照

而在這邊停留。我跟著部分旅客登上觀景台，盡覽下面豁然開朗的河谷，以及周遭綿亙的山巒。雲層遮住了山巔，卻遮不住山勢的險峻。

寫有雅江河谷的石碑前不少旅客在排隊輪候，只為拍上一張難得的紀念照。觀景台附近有好些售賣佛珠、法器和紀念品的攤販，他們操著帶藏語口音的普通話，不遺餘力地向旅客兜售。最吸睛的是幾隻身披彩衣、頭戴紅花的小羊羔，乖巧地站在欄杆上，聽從主人的吆喝，擺出不同的姿勢讓旅客拍照。旁邊還有多頭長相特別可愛的藏獒，不過這種巨型的高原犬，看似溫順，卻非常兇猛，我未敢多加靠近。

1 俯瞰下方豁然開朗的河谷，以及周遭綿亙的山巒

2 頭戴紅花的小羊羔

3 看似温順實則兇猛的藏獒

離開雅江河谷觀景台後，我們繼續順著路往羊湖前進。羊湖位於雅魯藏布江南岸，喜馬拉雅山北麓的浪卡子縣境內，海拔高 4,441 米，東西長一百三十公里，南北寬七十公里，面積約六百七十八平方公里，是當地最大的內陸湖，狹長彎曲的湖面一端有許多分叉，形狀猶如一把扇子，也有人說像珊瑚枝。由於形狀和面積的緣故，無論從哪一個角度來看，都只能看到一部分的湖泊，無法看清全貌。

終於，我們來到了羊湖的觀景台。這裏海拔有 4,998 米高，是以居高臨下之姿來欣賞聖湖。不過它究竟為何會被視為三大聖湖之一？據說當達賴圓寂後，喇嘛高僧們會先經過祈禱儀式尋找轉世靈童的方向，之後他們就來到羊湖誦經祈禱，向湖中投下哈達、寶瓶等，在儀式中，湖水會浮現影像，顯示靈童更具體的方向。也難怪羊卓雍措會被視為「聖湖」了。

哈達是一種長方形的「禮巾」，一般為三、五尺，也有一、兩丈長的，主要為絲質或仿絲質，大多是白色的，也有藍、紅、綠、黃不同種類顏色。在西藏，凡是婚喪節慶、迎來送往、拜會尊長、頂禮佛像等，都有獻哈達的習慣，已成為藏民生活中最普遍常見的一種禮物，是一種表示敬意的吉祥之物。

1 布達拉宮下方穿藏服的旅客手中拿著哈達

2 羊卓雍措旁白色的哈達堆得如小山

聽罷介紹，我們登上觀景台，羊湖的樣貌終於要在面前揭露。其實出發前，我早已透過旅遊指南和網路上的各種美照，見識到了它在陰晴雨雪各種天氣之下的美態。有道是「百聞不如一見」，以我旅遊世界的經驗早就知道，圖片再美，照片的解像度（解析度）再高，都無法深刻體會親眼目睹時所獲得的震撼和產生的感動。想要用文字言詞來形容第一眼望見它的感想，卻欲言又止，一時之間詞拙了。在蜿蜒千里的群峰環抱之下，靜謐而神祕的湖水有時湛藍如清朗無雲的晴空，有時卻又碧綠澄澈如珍貴的寶玉。無論何種色澤，都是一樣的純粹無瑕。

2	1
3	

1 從高處觀景台俯瞰羊卓雍措

2 羊湖碧綠澄澈如珍貴的寶玉

3 羊湖邊騎犛牛

↑到湖邊從不同角度欣賞羊卓雍措

我們離開位於高處的觀景台後，接下來還驅車來到湖邊，伸手沾沾湖水，祈禱能得到聖湖的庇佑讓此行一路平安。湖水在不同的高度、不同的位置、不同的季節，都呈現出不同層次的顏色與魅力。

羊湖還有「西藏魚庫」之稱，由於湖中浮游生物很多，為魚類提供豐富的飼料，再加上藏人因信仰而不吃聖湖中的魚，變相地保護了湖中魚類，使之成為魚類的天堂。它同時也是候鳥和高原動物的天堂，這些想必都與羊湖生態環境保存良好脫不了關係。

猶記得在二〇一二年，傳出有私人企業原本打算在這裡進行開發的消息，準備設立遊湖觀光船、酒店、民宿和餐館等設施，因當地人強烈反對，與政府單位重視與介入，

↑卡若拉冰川景區大門

才取消這計畫。幸而聖湖並未變成一處庸俗的商業之地，若大自然的環境因此遭到破壞，就更是得不償失！

羊卓雍措的湖岸線總長兩百五十公里，聽英子說，虔誠的信徒每年都會花時間繞湖一圈，也叫做「轉湖」。我想起途中見到那些行磕長頭祈禱儀式的藏民，得花上多少時間，方能完成一圈的朝拜呢？

羊湖之美令大家流連忘返，古有香山居士「最愛湖東行不足」，今日的我則是「最愛羊湖行不足」。臨離開「聖湖」前，大家輪番騎上氂牛背上，再親近一次那平靜如鏡的湖水。我也甘冒高反的風險，在湖邊跳躍，張開雙臂彷彿在湖畔飛翔，有碧水藍天為伴，不亦快哉！

我們繼續往前，過了浪卡子縣的第一個景點就是卡若拉冰川。乃欽康桑峰（又名甯金抗沙峰）位於拉軌崗日山脈東段，海拔7,191米，山峰周邊形成多條冰川，卡若拉冰川是乃欽康桑峰的冰川向南漂移後所形成的懸冰川，在青藏高原上，是最容易接近的冰川，距離公路最近的地方甚至只有三百多米。當我們靠近時，見到冰川潔白無瑕，下方的山體則呈現暗褐色，黑白分層鮮明，遠遠望去，好似巨量白雪蜂擁傾瀉下來，卻被瞬間凝固在半空中，又如一幅巨型唐卡般懸掛在山壁上，極具視覺衝擊，不得不佩服大自然的鬼斧神工。卡若拉冰川上有一個三角形的缺口，是一九九六年的電影《紅河谷》在拍攝時為了製造雪崩真實場景所炸掉的，至今沒有辦法修復，讓人深感遺憾。誠然電影上映後取得了巨大的成就，但付出這樣的代價是否值得？再加上近些年由於氣候變暖，卡若拉冰川正在慢慢後退，不知多年以後還能否見到這美麗的冰川，且看且珍惜罷！

這裡的景色非比尋常，除了《紅河谷》外，《雲水謠》等電影也在這裡實景拍攝。不過據說靠近公路邊的冰川景點，並非由官方設置，而是被當地「有勢力」人士所控制，不僅收費貴，也缺乏人流管制和環境管理，在這疫情期間更存在著一定風險，此乃美中不足的地方。

1 冰川上三角形的缺口就是在拍攝電影時被炸掉的

2 卡若拉冰川潔白無瑕，下方山體呈現暗褐色，分層鮮明

今日最大的驚喜要數滿拉水庫了，與羊卓雍措相比，它在旅遊圈的名氣較小，但經常走這條線的司機朋友們肯定不會陌生。二〇〇一年建成的滿拉水庫位在年楚河上游，年楚河又名年曲，是雅魯藏布江的支流。水庫號稱「西藏第一壩」，在修建的過程中，原來生活在這裡的村民集體搬遷到江孜縣城，但這項水利工程對於當地具有非常重要的意義，在灌溉、發電、防洪，以及改善周邊環境等方面發揮了巨大功用。

1 沿途風景美不勝收

2 兩旁高山連綿，水庫像藍色腰帶鑲嵌其中從停車處到海拔四千三百多米的斯米拉山觀景台需要徒步攀登一段長長的階梯，同行的年輕人均嫌累而選擇躲在車裡等著，我為了一睹水庫全貌，連歇帶喘爬上來，果然沒有讓我失望。四周絲毫未受到遮擋，視野無比開闊，兩旁高山連綿，而水庫就像一條藍色腰帶鑲嵌其中，翡翠色的水面平靜如絲帛，顏色鮮明的五彩經幡迎風飄揚，為沉靜的景致帶上了動感，眼前自然與人工建造結合而成的景觀讓人驚豔，比羊卓雍措竟有過之而無不及。

1 前往觀景台的長階梯上綁著無數五彩經幡

2 沿途風景，讓人賞心悅目

第八天
進入後藏

我的家鄉在日喀則，那裡有條美麗的河。
阿媽拉說牛羊滿山坡，那是因為「菩薩」保佑的。
藍藍的天上白雲朵朵，美麗河水泛清波。
雄鷹在這裡展翅飛過，留下那段動人的歌。

悲壯的英雄城

一首《家鄉》唱出日喀則那真實純樸的美，勾勒出歌唱家對家鄉的熱愛！

今天我們進入位於喜馬拉雅山脈中段與岡底斯—念青唐古拉山脈中段之間的日喀則市。這裡河流密布，計算起來大大小小河流有一百多條，而主要的有雅魯藏布江和年楚河，孕育出日喀則這片廣闊的大地。

日喀則市下轄桑珠孜區和十七個縣，其中我們即將作客的是江孜縣，準備尋訪抗擊

英軍保衛戰的故地。一進入江孜縣，就面對連綿不斷的青稞田。青稞正當成熟，一望無際金燦燦的田野。今年豐收在望，勤勞的藏民忙碌於收割，那是一片希望的田野。日喀則享有「西藏糧倉」的美譽，而江孜縣自古農業發達，有著後藏最富庶的沃土，屬於「糧倉中的糧倉」，它也曾是日喀則的政教中心。

↑連綿不斷的青稞田

个慶祝和平解放 70 周年的雕塑

江孜縣城規模不大，街道兩邊大都是兩層的藏式建築，很有特色。跟中國大部分的城市和地區一樣，宣傳愛國主義精神的標語隨處可見。一九五〇年解放軍進藏解放西藏，讓藏民過上新的幸福生活，對於解放軍的恩情，藏民都親密地稱呼他們為「金珠瑪米」，在藏語的意思，代表他們是打開枷鎖，救苦救難的菩薩兵。這次逗留藏區二十天，又剛巧遇上西藏解放七十周年，家家戶戶掛上國旗，同時很多藏民家裡的大廳都掛上國家領導人的肖像，在藏民心中，他們就如菩薩一樣。

昨日大伙經過了《紅河谷》的實景拍攝地卡若拉冰川，當然不應錯過江孜這座「英雄城」。尚未來到這裡之前，大家對江孜的認識，大抵都來自這部獲獎無數的電影，知道在這片高原上有那麼一座「英雄城」。

一百多年前，繼征服東南亞、孟加拉之後，英帝國就藉口邊界問題，企圖併吞周邊的國家和地區，西藏順理成章成為英侵略者的下一個目標。一九〇三年七月，英侵略者在榮赫鵬與麥克唐納的指揮下，帶領逾千英軍和機槍大炮開始向西藏地區進行大規模的武裝侵略。拉薩無疑是最終目標，而要占領拉薩，江孜是必經之路。憑藉強勢武力，英侵略軍順利越過邊境，占領了西藏多個縣城。

一九〇四年四月，英國侵略者大軍壓境，到達江孜，準備發起進攻。當時十三世達賴土登嘉措下令西藏軍民奮力抵抗，並徵召江孜境內十六到六十歲的男丁加入抗英的行列，力圖將英軍拒於江孜境外。這場戰鬥持續了三個月，面對英軍的洋槍大炮，由於缺乏作戰經驗，終讓英軍攻入了江孜。不過西藏軍民不屈不撓，包括白居寺的僧人也一起參戰，繼續抗擊英軍，使江孜一度失而復得。

至七月五日，英軍捲土重來，向江孜發起進攻。藏族軍民退守當年行政區所在地——宗山，利用過去在山坡修築的圍牆奮力堅守。儘管兩軍兵力懸殊，藏族軍民更只能用弓箭、土槍和牧羊用的「厄爾多」（拋石器）與侵略者對抗，以血肉之軀與現代化的武器進行抗衡。堅持整整三天三夜，雖彈盡糧絕，卻堅不屈服。「縱然男盡女絕，誓不與侵略者共天下。」最後關頭，僅剩的守軍從三百多米高的堡壘上縱身跳下，以身殉國，在江孜城下譜寫了一曲英勇悲壯的篇章。

西藏解放後，以這場江孜保衛戰為創作背景的《紅河谷》被搬上銀幕，近年又改編成話劇和歌劇，讓那場為了守護雪域高原，無比慘烈的抗英保衛戰為後人所知曉，也讓大家更加深刻地瞭解江孜這座英雄城。

如今這裡已經成了宗山抗英遺址，在遺址的堡壘廣場前，豎立了一座「江孜宗山英雄紀念碑」，讓我們緬懷先輩們的英勇無畏，反侵略、捍衛國家主權的愛國主義壯舉。宗山上的那座堡壘已重新修繕過，可見到當時炮台的遺蹟，還有帶有累累彈孔的殘垣斷壁等，供後人憑弔。作為「英雄城」的宗山堡壘遺址至今依然屹立在江孜城的懸崖峭壁上，無聲訴說著那段可歌可泣的歷史，給予後人鼓舞，要有守護家園的信念和決心。

返程途中，宗山堡壘的抗英戰役一下子讓我回想起一九九六年公映的《江河谷》，電影的情節彷彿一幕幕重現眼前。當年的《紅河谷》堪可媲美美國荷李活（好萊塢）的大製作，被評為一部充滿新奇、壯觀，有著史詩般美麗的電影，在銀幕上展示出世界上

↑江孜宗山英雄紀念碑與後方的宗山堡壘

獨一無二、無比神奇，像謎一樣的西藏高原風光，以及那裡古樸的風土人情。讓我最感動的一段，就是藏民與入侵的英軍展開殊死的對抗。藏民熱愛這片土地，不畏強敵，電影展現了他們誓死維護祖國統一和民族尊嚴的愛國情懷。最後，當女主人翁丹珠公主被擒，她在自盡前坦然唱的一段情歌，更是賺人熱淚。電影極富感染力，比話劇的表達形式更勝一籌。

三教共容的白居寺

緊貼在宗山堡壘的背後，有一座依山而建的白居寺，當英子介紹到白居寺時，乍聽之下我還以為與詩人白居易有關，但其實根本完全扯不上關係。

白居寺的藏語為「班廓曲德」或「班廓德慶」，意即「吉祥輪大樂寺」，建於十五世紀。它最特別之處在於藏傳佛教薩迦派、夏魯派和格魯派三派共容於一寺，和諧共處，這情況非常罕見。

我們進入這座有五百多年歷史的寺院，迎面而來的是兩旁一整列的轉經筒，宛若一隊穿著整齊金色制服的儀仗隊，列隊歡迎我們的到來。說起這轉經筒，就想起在宗山抗英戰役時，寺裡的僧眾與當地軍民敵愾同仇，一道抗擊入侵的英軍。可惜於第二次的戰役中，寺院終被英軍攻占。當時英軍進入寺內大肆殺戮，破壞和搶掠寺內的藏經等文物。他們甚至將寺內轉經筒釘上釘子，改裝成食物的輸送帶。如此恣意褻瀆神靈，罪行真是罄竹難書。

三層樓高的措欽大殿是白居寺最主要的建築之一。殿內有四十八根柱子，掛滿了古老而精美的絲綢唐卡。殿內最大一尊佛像是高八米的釋迦牟尼銅像。由於白居寺融合三種教派，所以裡面的佛像風格各有不同，這是與其他藏傳佛教寺廟最大的分別。

1 三層樓高的措欽大殿是白居寺最主要的建築之一

2 寺院的兩列轉經筒

另外兩層樓也供奉不同的佛像，還有開會的場所，以及作為收藏唐卡、法器和經文等的地方。藏品內據說還包括用金粉書寫的大藏經和歷代的藏戲服飾，數量眾多。

大殿旁邊就是有名的白居塔，又叫「吉祥多門塔」或「十萬見聞解脫大塔」，該塔建於一四一四年，整整花了十年才完工。白塔高四十二點四米，共有九層，上上下下開有一百零八道門，佛殿七十六間，可說是該寺的一絕。白居塔的建築風格在中國建築史上極其罕有，不僅有藏族的建築特點，也兼容漢族、尼泊爾、印度等建築藝術風格。除此之外，塔內還收藏有十萬多尊佛像和壁畫，且寺中有塔，塔中有寺，相輔相成，令人嘆為觀止，故又有「十萬佛塔」美譽。白塔內有階梯可逐層登上，不妨上去慢慢觀賞塔內的佛像和壁畫。

白居寺是虔誠信徒朝拜祈禱的神聖之地，每天來自不同地方的信徒來到大殿，來到白塔，他們或是在佛前添一壺新鮮的酥油，或是把自己的積蓄奉獻給佛祖，以表示對佛祖的敬意；又或是繞著白塔走了一圈又一圈，消除業障，累積功德。來到白居寺，我覺得處在其中的氛圍令人十分舒服，正如它「一寺容三派」的開放格局，相容並蓄，不同教派的信徒在這裡以虔誠之心供奉各自心中的信仰。

↓白居塔有「十萬佛塔」美譽

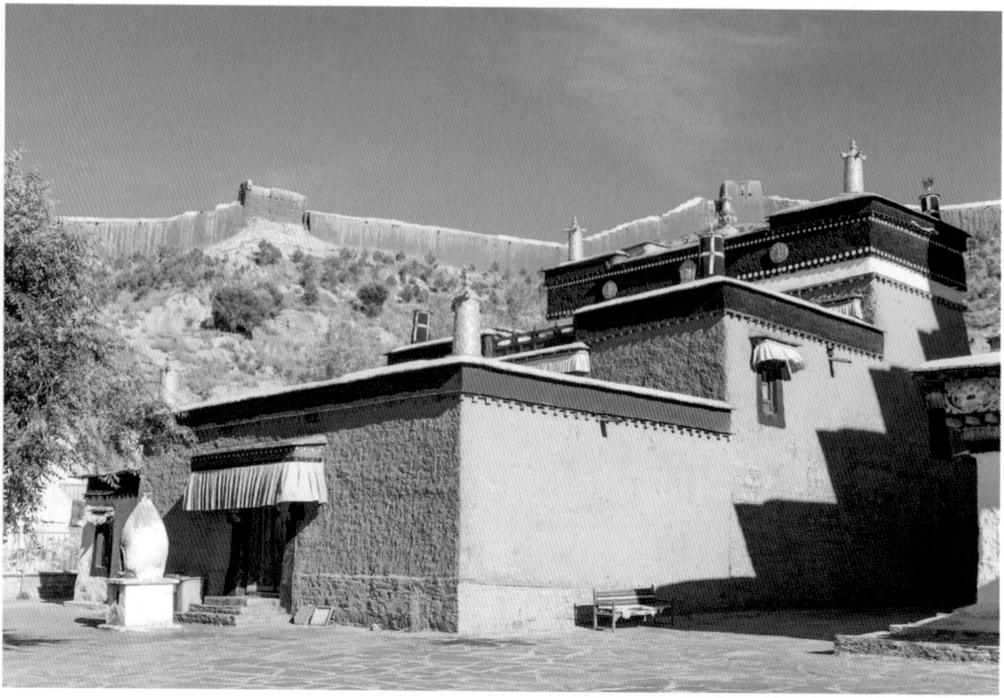

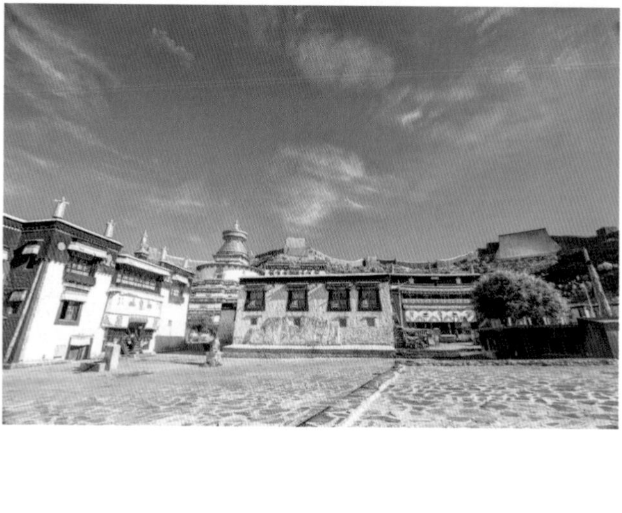

1 白居寺一隅

2 門上綁著五彩金剛結

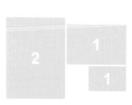

江孜地區除了著名的白居寺外，在江孜縣城西南約四公里外的班覺倫布村，有一座帕拉莊園，也是該地區的另一個景點。這莊園是目前西藏地區唯一一座保存最為完整的舊西藏三大領主的貴族莊園。所謂三大領主，就是舊西藏封建社會中，官府、貴族和寺院上層僧侶組成的階級。在這座莊園裡可以見到西藏貴族的宅邸和實際使用的器物，記錄舊西藏貴族和農奴生活的真實縮影。但我們運氣不太好，來的時候莊園暫時關閉，也不知是出於疫情原因，還是正在修繕。我們只能在周邊開車繞一圈，從外頭低矮的院牆看來，誰能想到這裡在過去竟然是領主權力的核心呢？而世事變遷，曾經的富貴權力也終究在在歷史的巨大滾輪中，歸於塵土。

日喀則最大的黃教寺院

從江孜前往日喀則市的路上，舉目所及，盡是青稞阡陌連綿不絕，延伸至極遠的崇山雪峰，呈現出生機盎然的景況。車子走在柏油公路上，不消一個多小時，今天下午的目的地扎什倫布寺就出現在我們前方。

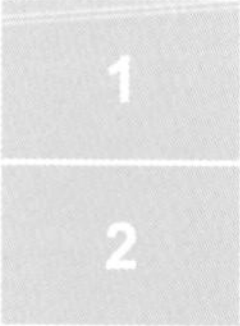

1 白居寺一隅

2 帕拉莊園是西藏保存最完整的舊西藏三大領主的貴族莊園

帕拉庄园
THE PALA MANOR
全国重点文物保护单位
帕拉庄园

↑從高處俯瞰日喀則

扎什倫布寺位於日喀則尼色日山下，全名為「扎什倫布白吉德欽曲唐結勒南巴傑瓦林」，意即「吉祥須彌聚福殊勝諸方州」。這座寺院是由一世達賴喇嘛根敦珠巴創建，他是藏傳佛教格魯派，也就是黃派始祖宗喀巴的弟子。寺院始建於一四四七年，歷時十二年建成，整體規模很大，又經過歷代不斷地擴建，終成為後藏地區最大的格魯派寺院。目前占地十五萬平方米，由措欽大殿、講經場、強巴佛殿、歷代班禪靈塔等部分組成，經堂就有五十七間，供僧眾居住的房屋共三千六百間，寺內還設有獨立的管理委員會，猶如一個小型的社區。

扎什倫布寺占地廣大，依山而建

寺裡最宏偉的建築是強巴佛殿（又叫大彌勒殿），和八座歷代班禪的靈塔殿。強巴佛殿高三十三米，而一尊蓮花基座上的強巴佛像，是世界上最高的銅塑佛像，高二十六點二米，不僅如此，佛像上還鑲飾了大大小小的鑽石、珍珠、琥珀、珊瑚和綠松石等寶石，不計其數，可想而之佛像的價值難以估計。

善信遠道而來，到扎什倫布寺的理由主要因為這裡是四世班禪之後歷代班禪駐錫之地。錫指的是僧人的錫杖，駐錫代表僧人的居住地，例如歷代達賴的駐錫地為哲蚌寺和布達拉宮。歷代班禪在任期內，都對扎什倫布寺進行過修葺和擴建。寺中的靈塔是歷代班禪的舍利塔，它的宗教地位可與布達拉宮比肩，在藏區享有崇高地位，可以說是後藏的心臟。

我們踏上寺院的參訪之路，無論是大殿、經堂，甚至是不同門牌的院落社區，環境統統乾淨和寧靜。在寺內偶爾遇到的年輕喇嘛們，手中拿著書卷，潛心學習，聽說他們每天都要上課，除佛學外，還得學習不同的學科，甚至每年還有不少來自印度、巴基斯坦、阿富汗等地的佛門弟子到此互相交流學習。可惜這兩年因疫情因素，活動暫停了。

1
2
2

1 扎什倫布寺措欽大殿

2 寺院環境乾淨、寧靜祥和

↑巨大的展佛台

儘管來此的朝拜者眾多，香火鼎盛，扎什倫布寺卻是個安靜之地。每到夕陽西下時，信徒們來到白塔下，轉動轉經筒，祈禱膜拜，非常虔誠。有時還可以看見三三兩兩的信徒倚著牆角曬太陽，一副悠然自得的模樣。無論是否身為信徒，來到這兒，被無形的宗教氛圍所籠罩，讓人心緒也跟著沉澱平靜下來。

這麼大面積的寺院，要在短短半天之內訪遊一遍是不可能的。但藉著這次的來訪，我們認識到了歷代班禪的生命歷程，理解到為何藏民對他們如此敬仰，不僅是出於宗教信仰的原因，更因為他們實實在在為藏民做出過貢獻。

↑來此的朝拜者眾多，香火鼎盛

結束訪遊前，我們登上半山腰的展佛台下方廣場。從這裡可環視日喀則市的市貌。每年藏曆五月十四到十六日，寺院會舉辦隆重的大佛瞻仰節活動，藉由上面的展佛台每天展出不同的巨幅佛像唐卡，唐卡的內容依次是無量光佛（過去佛）、釋迦牟尼佛（現在佛），和強巴佛（未來佛）。屆時喇嘛們身披袈裟，舉辦法會，在台上祈禱誦經，熱鬧非凡。

我也是後來才知道，在我們到訪的第二天，十一世班禪抵達扎什倫布寺，僧人們以最高規格的藏傳佛教傳統儀式迎接班禪的到來，寺內外僧俗信眾排起數百米的歡迎長列。居然錯過了如此難得的機緣，甚是遺憾！

↑穿行於紅牆與白牆之間的廊道，紅牆為大殿、白牆為僧舍

第九天

出征阿里前夕

我一開始計劃的「西藏之旅」是十二天，目前已走過了一半。剛好原訂於成都的公務突然延期，我又被西藏的自然景觀以及神祕感所吸引，想要更了解這一片聖地，不滿足於只遊過拉薩、大昭寺還有布達拉宮等較為大眾化的景點，記得英子一路上絮絮叨叨，不斷推薦阿里，描述這個不為眾人所熟知的藏北高原——阿里地區是西藏高原文明的真正起源，被稱為「西藏的西藏」，是「世界屋脊的屋背」，還說「不到過阿里，不算到過西藏」云云。不僅如此，還屢屢在我面前提起或展示阿里極致的風光美景，表示仍有許許多多未知的祕密隱藏在這片荒蕪之地。

這下可好，公務延期不正是老天給予的絕佳機會？機不可失，時不再來，我動起心思，馬上決定調整後面的行程，向臺北亨強旅行社陳總諮詢該如何安排赴阿里探險。原來到阿里需要邊防證，同行的小伙伴都是大陸身分證，可以在日喀則就地辦理，可我持有的是香港同胞通行證，在日喀則無法處理，唯有折返拉薩去辦手續。我們與小陳師傅商議，計算好往返的時間，決定翌日清早就從日喀則重返拉薩。

這段返回拉薩的路程，我們走的是318國道和雅葉高速，總程不到三百公里，約四個小時就可安然到達。四驅車再次行駛過「西藏糧倉」，沿途依然是藏民忙碌在青稞田裡的身影。那些收割完的青稞一垛垛整齊地堆放在農田中間，像一個個列隊的稻草人。我們把車開到田野深處，跟藏族同胞打招呼，詢問是否能夠跟他們近距離訪談，意外地收到熱情的回應。他們一邊處理手中的農活，一邊跟我們閒話家常。今年是青稞豐收年，藏民歡欣地迎接又一次繁忙的秋收。我們的勞動力小陳師傅是退伍軍人，還主動幫忙勞作了一會兒，其餘的小伙伴則把這片遼闊的自然天地化作拍照背景，各種擺拍。

大家平日都生活在城市裡，被石屎（粵語，混凝土的意思）森林困得太久了，面對如此廣闊的田野，還有遠山的陪襯，心情皆興奮不已。儘管日喀則平均海拔都在四千米以上，但一路掠過的風景還有路旁悠然走過的牛群，都讓人有種身處華北平原的錯覺。

到達拉薩已是中午時分，首要之事就是辦理赴阿里的邊防證。不過這裡是高原地區，機關的辦公時間是往後順延，辦事人員在下午三時才開始上班，剛好跟我們的午餐時間錯開，也讓我們得以慢條斯理地享受這頓正宗的藏式午餐。下午邊防證的辦理過程異常順利，工作人員還體恤我這位逾七十歲的老人，免去在午後陽光下排隊輪候。不得不讚賞他們超高的辦事效率，這是繼巴塘之後又一次美好的經驗。

1 2

1 沿途的青稞田與收割青稞

2 在西藏經常可見到牛群羊群擋住車子的行進

瑪吉阿米®
MAKYE AME

待大伙的邊防證辦好後，心情也隨即放鬆下來，於是剩下來的時間我們又來到了八廓街。因為算是附加行程，大家顯得更輕鬆，各自散開活動，各取所需。千年八廓街跟幾天前一樣，我與王晶去找尋藏毯，它們價錢便宜，而且還織有具當地色彩的圖案設計。我特意挑選一番，為我們亨達集團倫敦分公司的新辦公室添上新的藏式裝飾。

1 小黃樓瑪吉阿米前穿藏服拍照的旅客

2 便宜又具有當地色彩圖案的各式藏毯

網上流傳了一些網紅圖，是車水馬龍襯托上方沉穩的布達拉宮。我們也循著拍攝角度，找到了八廓街前面的拍攝地點，在大街道上、天橋旁一家時尚咖啡室的頂樓平台，正是布達拉宮網紅圖的拍照打卡點。

這一次重訪拉薩，收穫最大是住宿在拉薩瑞吉度假酒店，這是老朋友郭炎經營的酒店集團旗下其中一間。

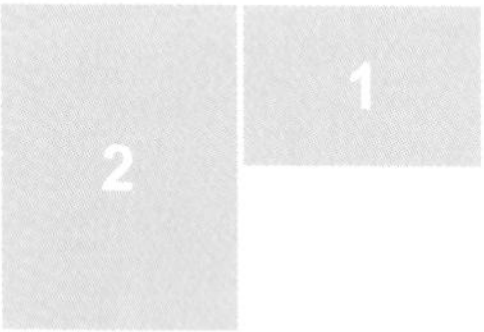

1 網紅圖拍照地點就位於八廓特色產品商城對面

2 布達拉宮網紅圖

刚坚饭
GANG—GYAN HO
大昭寺
八廓街
小昭寺

酒店位置在市中心八廓街附近，逛街購物相當方便，酒店設計融入當地風格，有主樓和多棟獨立的樓房，又有花園景觀。來到酒吧，更可遙看布達拉宮全景，白日夜晚各有不同風情，讓人大呼過癮。可惜我來到時，未能與老朋友異地重逢。不過他得知我的到來，特意請酒店的經理 Carol 款待我們小分隊，這個晚上大家盡情享用酒店的精緻佳餚，非常感謝老朋友和 Carol 的照顧，大家在這裡補充好體力，面對接下來的遠征行程。

拉薩瑞吉度假酒店日夜有不同風情，可遙看布達拉宮（照片由拉薩瑞吉度假酒店提供）

第十天

萬山之祖、百川之源

阿里地區位於青藏高原北部，是喜馬拉雅山脈、岡底斯山脈的交匯處，有「萬山之祖」的稱呼，這裡同時又是雅魯藏布江、印度河、恒河的發源地，所以又稱為「百川之源」。懷揣著邊防證，從今日開始小分隊正式踏上了阿里大環線的旅途。我們從拉薩出發，近五百公里的車程，今天的目的地是珠峰腳下的定日縣。

318國道全程五千多公里，距離實在太長了，一路上為數眾多的里程碑成了遊客們爭相打卡之地，例如「零公里」的標誌位於上海市黃浦區人民廣場，標識318國道等多條道路的起點，相信上海的朋友都不會陌生。有些數字重疊的路標特別吸引注意，比如「3838」、「3399」等；有諧音代表特殊意思的，像是象徵「一生一世」的「1314」；還有數字連續如「3456」這類的。這些里程碑很少是乾淨的，上面大都少不了各種塗鴉，甚至寫上過路人的名字，都是旅人作為到此一遊的紀念。

1
2

1 4000km 此生必駕網路打卡點

2 在通麥天險的 4000km 里程碑，照片中是司機小陳師傅我們一路都在尋找「5,000 公里」處那塊小小的標誌碑石，卻始終沒看到，但英子一直堅稱以前是有的，不知道是不小心錯過還是被移除了。直到到達「5,000km」紀念碑廣場，才恍然發覺小碑石已被升級了。從上海人民廣場的「零公里」到這裡的距離，十分具有意義，也成為旅人必經之地和打卡地，可以見到當地人在此售賣小飾品，商品一般價格平宜，多買一些還可以講講價。不管是騎行、自駕或是包車的遊客都會在這裡稍作停留，我們還遇到熱心的年輕人主動為我們小分隊拍合照，畢竟出門在外大家都是朋友，圖個方便。

318 國道上處處是景，一天之中歷經四季乃平常事。但景乃天造，路是人為。感謝時代為我們創造了通行世界的條件，更感謝無數的築路人，正是他們的無懼困難艱辛，才有了穿越高山的隧道，跨越江河的橋梁，通往亙古荒原的天路。這次的西藏之旅，行駛在雪域高原數不清的天路上，曾經的人不可至，如今都有路可達，我們可以一邊欣賞，一邊品味，將那些美麗的風景盡收眼底。

1
2

1 5000km 紀念碑廣場，小分隊五名成員合照

2 路標碑石上通常會有各種塗鴉或簽名

5000KM
西藏拉孜
318国道
上海人民广场
美的景观大道

318国道
5000

↑拉薩往定日途中景色

↓拉薩往定日途中景色

為了保護世界最高峰——珠穆朗瑪峰一帶的高山和高原生態系統，一九八八年經西藏自治區人民政府批准建立了世界海拔最高的自然保護區，並在一九九四年晉升為國家級自然保護區。英子擔心大家的體力，並未安排我們走這一段行程，雖然如此，卻不妨礙我們在海拔 5,260 米的牌樓前擺上各種姿勢拍照。此時此地，在世界的第三極，巍然屹立的喜馬拉雅山脈，清晰地躍進大伙的眼簾。心中原應有千言萬語，卻全都化為一句話：祖國山河真壯美！

在這兒我再一次挑戰在高原上彈跳，居然不用 NG 重拍，一跳就成功了。通過了這次考驗，讓我對後來的路途更有信心，即使面對再高的海拔，也絕對能夠克服。

過了 5,000km 的路標，就是珠峰腳下的定日縣了，這裡算是珠穆朗瑪峰自然保護區的中心地帶，前往珠峰的路牌遙遙在望。今天大伙就在這個珠峰的故鄉歇下，並期待後面的無限精彩。

1 拉薩往定日途中景色

2 在珠峰保護區牌樓前跳躍

您已进入珠穆朗玛峰国家级自然保护区
You have entered Mt. Qomolangma National Nature Reserve

第十一天

平淡一天的驚喜

國家公園的概念，最早源自美國，世界上最早的國家公園是一八七二年美國建立的黃石國家公園。而讓我們引以為榮的，是我國的珠穆朗瑪國家公園，它是世界上海拔最高的國家公園，位於西藏自治區西南與尼泊爾交界處，地跨西藏高原和喜馬拉雅山兩大自然地理區域，覆蓋日喀則地區定日、吉隆等六縣，總面積七點八萬平方公里。

由於時間不足，未能取得進入珠峰國家公園區內的通行證，我們只能在珠穆

个珠峰國家公園門口

朗瑪峰國家公園的大門前稍作停留，這也是此行距離珠峰最近的一次。我們運氣很好，就在拍照的時候，珠峰從厚厚的雲層裡露出了全貌，儘管只維持了幾分鐘，隨後又被雲層遮住，卻已帶給我們足夠的震撼。

今天的路途中沒有什麼特別的景點，一路都走在海拔四千多米以上的柏油路，過往車輛稀少，行人也少見，但沿路風景依舊壯美，讓大家目不暇給。在距離定日縣城兩百五十公里處，有一個日喀則地區最大的湖泊——佩枯措，聲名不顯，卻美得令人驚豔。這裡三面環山，地形開闊，湖區水草豐美，還可見到西藏高原特有的藏野驢、黑頸鶴、斑頭雁、赤嘴鷗等。

↓被雲層蓋住的雪白冰峰，依舊震撼壯觀

3 1
4 2

1 犛牛群

2 羊群

3 藏野驢

4 黑頸鶴

佩枯措的湖水是一種流動的藍，清澈見底，被譽為是珠峰下的藍寶石，而成就它聲名的還有希夏邦馬峰的倒影，佩枯措就像一面梳妝鏡倒映著雄偉的希夏邦馬峰，聖潔的雪山靜靜佇立，與藍天白雲互相輝映，構成一幅西藏獨有的風景畫卷。正如《美麗的佩枯措》這首歌曲所描述：

心中的西藏有座高高的雪山，
佩枯措映照著它的巍峨，
湖面上鷗鳥展翅飛翔，
牧羊姑娘高唱嘹亮的情歌，
呀啦嗦美麗的佩枯措，
多少人從你的身旁走過，
都帶走啊都帶走你聖潔的囑託……

全世界海拔超過八千米的山峰一共有十四座，希夏邦馬峰是其中最矮的一座，海拔8,013米，不過它卻是唯一一座完全屹立在中國境內的。

↑途中風景

難得的是我們的四驅車能夠無拘無束地直接開到湖邊，零距離接觸這樣的湖光山色。小分隊的女隊員們停留在湖邊，擺出各種姿勢，拍下一幀又一幀「美女伴聖湖」的照片，大家拍得不亦樂乎，不知在佩枯措逗留了多長時間，才總算記得該啟程了。

天上的行雲一路緊隨著我們，路過一個不知名的小湖，雲朵也在湖面上露了臉，猶如一湖碧水盛滿了藍天白雲。不僅如此，連不遠處一排低緩的矮山也同時擠了進來。如此迷人夢幻的畫面在途中俯拾皆是，每每讓大伙感嘆眼睛都不夠用，連眨個眼都捨不得，相機快門也按個不停，就怕來不及將美景收進鏡頭裡。唯有自駕遊阿里，方能體驗到「天上阿里，人間天堂」是如何讓人魂牽夢繞。

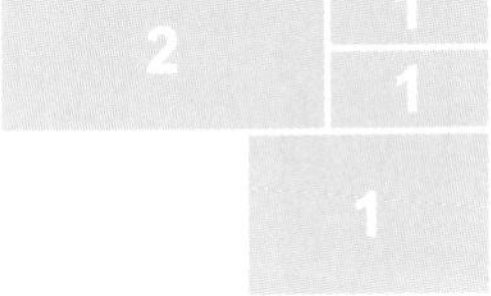

1 途中風景

2 佩枯措的湖水清澈見底

个不知名湖泊也相當的壯觀

記得有一部由導演張楊所拍攝的《岡仁波齊》，用紀錄片的方式講述了十一位藏民前往神山岡仁波齊的朝聖之旅，為了拍出真實的畫面，導演與他們同吃同住，歷時一年，走了兩千多公里路，成就這一部磕著長頭去朝聖的電影。我們今天在公路上也遇到了一戶要去神山岡仁波齊朝聖的藏族人家，兩床棉被捆在一起，束著長辮子的父親和小孩站在路邊，後面草原地上搭著供朝聖者臨時休息的帳篷。我們下車跟他們打了個照面，知道他們如電影紀錄中那樣，從家裡出發，沿路走走停停，一路跪拜下去直至終點的「神山」。

↑朝聖的藏民一家

對於藏族民眾這種苦行僧般的朝聖之路，到底是宗教信仰的執著，抑或是愚昧的迷信，一直是人們爭議不休的話題，各有各自的說法。我個人認為，每個人都有各自的堅持，既然他們願意為實踐而努力，且並未造成他人的傷害，便沒有必要去橫加批評。尤其是對一個歷史悠久、擁有燦爛文化的古老民族，對他們的宗教信仰，該抱著尊重的態度。就像電影《岡仁波齊》幕後花絮裡說的：「這個世界上沒有什麼生活方式是完全正確的……神山聖湖不是終點，接受平凡的自我，但不放棄平凡的理想和信仰，熱愛生活，我們都在路上。」

與他們的這段偶遇，就是我們彼此的緣分。臨道別前，我們為他們送上一些食物和水，並對他們的朝聖之旅表達了祝福和敬意。

到了下午五時左右，小分隊翻越了海拔 4,920 米的突擊拉山，同眾多藏區的高山埡口一樣，突擊拉山的埡口也堆滿哈達，飄揚著經幡。這時厚重的雲層遮天蔽日，放眼望去，除了我們之外，渺無人跡。置身在這般的曠野，真讓人有種錯覺，全世界的人類都已經消失，只剩下在這裡的我們而已。

翻過這座山，我們就真正進入了「世界屋脊的屋脊」——「藏西祕境，天上阿里」了。

↓碉樓遺跡

第十二天

聖湖與神山

今天路途將會非常漫長，我們從藏人稱為「野牛之地」的仲巴縣城動身。仲巴縣城地處西南邊陲，是日喀則市下轄的縣裡頭最靠西邊的一個縣，也是我們闖入「西藏的西藏」的第一站。

今日走的是219國道，先到達的是雅江源。雅江源，顧名思義，就是雅魯藏布江的源頭。雅魯藏布江是西藏人民的「母親河」，是中國海拔最高的大河，也是世界海拔最高的大河之一，發源於海拔五千三百多米的傑瑪央宗冰川，源頭稱作馬泉河。雅江源一帶是高原草甸，牧草豐富，是野犛牛的故鄉、藏羚羊的繁殖基地。

我們一路上頭頂藍天，間或飄蕩幾許白雲，突然間，太陽從前方躍出，小伙伴們猝不及防，來不及適應高原熾烈的陽光，眼睛被照得一片白晃，連忙戴起墨鏡，保護靈魂之窗。

↑黃沙、濕地、河流、雪山結合的雅江源

↑一行五人利用影子拍成的趣味照

我們的四驅車很快就來到雅江源風景區，它位於仲巴縣拉讓鄉珠珠村，國道旁一片莽莽群山，而下面卻是萬里黃沙，這就是景區別具特色的地方，因為黃沙、濕地、河流、雪山居然出現在同一個畫面，構築成那麼一幅絢麗多彩的畫卷，真是世間少見。

然而從面前的黃土沙丘也可以感受到這裡的環境藏著很大的問題，那就是沙害日漸嚴重，這種惡化是不容忽視的。據說仲巴縣政府一直積極採取措施，試圖緩解惡化的速度，但效果並不明顯，沙化的面積仍有擴大趨勢。美麗的風景背後危機四伏，我在欣賞之餘，也不禁感到擔憂，不知道再過一段時間，這般的美景是否就會消失在我們的眼前。

↑仲巴通往雅江源的途中從前方躍出的太陽

過了仲巴是一片遼闊的天地，我們進入普蘭縣境，翻越5,211米的馬攸木拉達坂，達坂就是埡口的意思，在阿里靠近新疆的地域，埡口都叫做達坂。馬攸木拉達坂滿布神聖的彩幡，沒過多久，進入阿里地區第一個高原淡水湖——公珠措。公珠措海拔4,877米，狹長的湖面如一條直線向前延伸，湖水幽藍，湖邊濕地有不少藏驢和羊群在遊蕩、覓食中。公珠措景色迷人，不過阿里地區的「措」太多，令它在眾多名「措」前顯露不出光彩。

1 濕地風景

2 途中風景

3 馬攸木拉達坂

我們的車順著湖一路前行，西藏三大聖湖之一的瑪旁雍措已在眼前。它位於岡底斯山脈和喜馬拉雅山之間，同樣不負「雍措」這名稱，湖水碧藍，清洌可鑒。由於它是恆河、印度河和雅魯藏布江的發源地，有「世界江河之母」的美譽，更是好幾個宗教的聖湖，包括佛教、印度教、耆那教和苯教，不同的宗教給予瑪旁雍措不同的意義，例如唐朝高僧玄奘在《大唐西域記》中稱此湖是西天王母瑤池所在；在藏民心中，它是「永恒不敗的碧玉湖」，且因為位於「神山」岡仁波齊腳下，更加聖潔；傳說這裡是印度教濕婆神和妻子喜瑪拉雅山女兒烏瑪女神沐浴的地方，所以成了印度教的聖湖。

1 湖水湛藍的聖湖瑪旁雍措

2 英子試嚐拉昂措湖水，遠方為納木那尼峰

3 瑪旁雍措與後方的納木那尼峰

↑近看「神山」岡仁波齊

與瑪旁雍措有一路之隔的是拉昂措，藏語意為「有毒的黑湖」，也有「鬼湖」的稱號。這個稱號的由來是因為湖水人畜不飲，湖岸寸草不生，湖中也見不到任何的生命色彩，與瑪旁雍措的生機盎然截然兩樣。我們小分隊欲一探「鬼湖」究竟，把車直駛至湖邊，湖岸砂礫滿地，一片荒蕪蒼涼。英子大膽一試，果然湖水鹹苦。拉昂措是鹹水湖，也難怪連牛羊都不飲用湖水。

一個淡水湖，一個鹹水湖；一個是聖湖，一個是鬼湖，兩湖相依，卻有天壤之別。其實從我們這群旅人的角度看，兩湖並沒有太大的區別，同

↑遠觀「神山」岡仁波齊之景色

是高原湖泊，也同樣風景宜人，擁有扣人心弦的魅力。

遊覽了「聖湖」和「鬼湖」之後，當天的重點行程還包括一睹岡仁波齊和納木那尼這兩座山峰的真容。兩山遙遙相對，分別位於兩湖的北面和南面，岡仁波齊在北，納木那尼在南，兩者在藏族人民心目中均有著極高的地位。

拉昂措靜謐的湖面倒映著納木那尼的雪峰，這座海拔7,694米的高峰在藏民心中是「聖母之山」，正好鎮住了湖的「鬼魅」。至於位在北邊的岡仁波齊在藏語中的意義是「雪山之寶」，它是岡底斯山脈主峰，素有「阿里之巔」的美譽。

這天天高雲淡，視野無阻，海拔6,656米的「神山」岡仁波齊就如一座三角形的「法器」，又像一個白色的金字塔，巍然屹立於高原之上。英子告訴我們，她上一次整整等了五個小時，才終於見到「神山」突破雲層的真容，當時已經感到非常的幸運了，因為很多人專程往返數次，都不一定能得見神山的真顏。由此可見我們確實得到幸運之神的眷顧，與神山的緣分不淺。

岡仁波齊被佛教、苯教、印度教和耆那教奉為須彌山，也就是世界的中心。傳說這裡曾是佛祖釋迦牟尼講經的道場，印度教濕婆神的殿堂，耆那教第一位祖師Rishabhadeva得道之地，也是西藏最古老的苯教發源地。聽英子介紹，很多教徒攢夠了錢，會千里迢迢徒步來岡仁波齊朝拜轉山，再去瑪旁雍措沐浴、飲湖中「聖水」。

在岡仁波齊周圍，共有五座寺廟，每年都有來自印度、尼泊爾、不丹和我國的信徒到這裡轉山朝聖。藏傳佛教認為人要承受輪迴之苦，每轉山一圈，可以洗滌一生輪迴的罪孽，十圈可以讓五百輪迴免受地獄之苦，如果轉上一百圈（也有一說是一百零八圈），今生就能脫出輪迴，立地成佛了。轉山有「內轉」和「外轉」兩條轉山道，「內轉」是以岡仁波齊南側的因竭陀山為中心轉一圈，「外轉」的路程就長多了，以岡仁波齊峰為核心的環山道路全長約五十二到五十六公里，據說藏民走路一天就可以轉完，但一般人差不多要走三天時間。外轉必須轉滿十三圈，才能進行內轉。

由於藏民認為神山、聖湖都是有屬性的，岡仁波齊屬馬，又恰好與釋迦牟尼的本命年相合，據說在這一年轉山一圈相當於平時轉山十三圈的功德，所以馬年轉山的人最多，信徒絡繹不絕，擠滿了山道，山下也遍布休息的帳篷。對於轉山的朝聖者而言，高山不只是古老的原始崇拜，更是與天上的連結，山是信仰的居所，而岡仁波齊就是信仰的終點。朝聖者行走在空氣稀薄的高原上，在礫石的山路磕頭朝拜，經常遇上風雪交加的壞天氣，行動困難，若不是堅定的宗教信仰，必定很難堅持這樣的舉動。話雖如此，近年來，或許由於西藏教育普及，藏民文化水平有所提高，整體經濟也有不同程度的發展，在宗教方面，相對地沒有過去那般「迷信」，磕長頭的年輕藏民也比較少見了。

我們停車休息時，遇到一對藏族夫妻，他們並非為轉山而來，只是路過。然而當他們看到岡仁波齊時，一臉幸福的樣子，面朝神山雙手合十禮拜，神態虔誠。我們一路上遇到眾多磕長頭的朝聖者，風塵僕僕，此時看到如此平靜莊嚴的朝聖行為，同樣為之動容。受到他們的感染，大家都自覺地佇立在「神山」前，為遠在各地的親友祈禱祝福。

个途中經過新建好的棧道

大伙都不是教徒，並沒有轉山的夙願要完成，於是把車子開到神山腳下一座剛修建好的觀景台，不用像教徒們跋涉千山萬水，就可以輕鬆地仰望神山了。先不論岡仁波齊在宗教上的地位，單就山型而言，亦相當奇特。一般來說，向陽面通常比較溫暖，背陽則較為濕冷。然而神山向陽的一面常年積雪，而背陽的一面卻積雪較少。峰頂上還有多道橫向的痕跡，無論遠近，都能清晰可見，令人嘖嘖稱奇。英子說橫紋共有九道，正象徵苯教的「九疊雍仲」，代表著永恒之意，又像一道九層的天梯，是登上天堂最快捷之路。不過如果從地質來探討，山峰是由岩性軟硬相間的砂礫岩層組成，當山體形成時，

↓五顏六色的龍嘎拉達坂和碧綠的龍嘎措瓊

↑ 與龍嘎拉達坂告示牌合照

不同岩性的地層彼此層疊，於是形成近乎水平的紋理，宗教的說法只是強加上去的吧！

神山也謠傳一些不可思議的奇事，例如一九九六年一隊中韓登山隊在攀登途中，發現一串奇怪的腳印，有人說那是野人的腳印；亦傳聞曾經有四名登山者攀上了神山附近的一座山峰，結果登頂之後就迅速衰老，在一、兩年間先後因病死去；更有人言之鑿鑿，在二戰期間，德軍就派人祕密來到西藏，探求雅利安人人種的起源，及尋找可以扭轉時間的神物。無論這些訊息是否穿鑿附會，有沒有事實和科學驗證，都給神山增添了一份神祕感，也或許這種種的傳聞，目的都是為了增加人們對神山的崇敬。

我們在海拔 5,166 米的龍嘎拉達坂稍微停下來，這座「五彩山」的山體擁有斑爛的顏色，猶如荒蕪的高原被潑灑上了瑰麗的色彩，大自然真是最有創意的藝術家，隨意揮灑的作品如此美妙得令人驚歎。在這五顏六色的山巒間，靜臥著一個水滴形狀的碧綠小水塘，彷彿一塊鑲嵌的翡翠，名叫「龍嘎措瓊」，被譽為「天使之淚」，也有人稱之為「珍珠措」，不知道這算不算是西藏最小的湖，但據說它竟能終年不乾涸，實在令人不解，又是大自然無數奇蹟中的一個。附近有一個尺寸更小、已經乾涸且呈土黃色的潭水痕跡，每當夏天冰雪消融，小潭會注滿從山流下來的水，與龍嘎措瓊恰好形成「天使的一雙眼睛」，讓我不禁期待起這個夏天才能看到的景觀。

今天行程的最後一段，英子不時查看時間，並一路對我們炫耀她之前拍攝的土林落日視頻和照片，景色是如何的壯麗。可惜我們還是晚到了半個小時，只能在途中見到落日西下的情景。當我們一路穿越山谷，臨近札達土林區時，我透過車窗，已被它磅礡的地貌所震懾，千溝萬壑、連綿起伏的土林看起來有點類似月球上的景觀。這時除了我們四驅車的車燈外，外面漆黑一片，土林的全貌到底如何？就留待我們明天去發掘了。

1 非常壯觀的日落景象

2 山上充斥著野生動物群

第十三天

尋找消失的王朝

走入阿里的「馬丘比丘」

八年前我曾到訪秘魯馬丘比丘，當時深深為這個突然消失的印加文明感慨不已。馬丘比丘意為「古老的山」，坐落於世界文化遺產古城庫斯科西北約八十公里處，海拔約2,350米，又被稱為秘魯的「龐貝古城」。馬丘比丘建在山巔之上，四周懸崖峭壁、地勢險要，城內設有宮闕神殿、作坊、居所等，總令人忍不住想像五百年前印加人民是如何在這裡安居樂業。然而這樣一座天空之城卻忽然消失於時空之間，足足有四百年時光未曾受到外界打擾，也不為外人所知。它究竟是被遺棄，還是遭到外來文明的衝擊？現今依然不得而知，只留下一片古蹟證明它曾經的存在和輝煌。

西藏阿里也有一座失落的「馬丘比丘」，命運竟然與印加文明的失落古城是如此相似，都在一夜之間突然消失。今天我們小分隊一路向西到了札達縣，它位於西藏的西南隅，札達在藏語中意為「下游有草的地方」，象泉河流域遍布札達縣，是阿里地區最主

↑最高層是王宮。除了幾座建築物外，整個古王城是一片廢墟

要的河流。一千多年前，這裡曾有一個喜馬拉雅山區的王國——古格王朝，在鼎盛時期，領地甚至遍及阿里全境。然而三百多年前，這樣一個擁有燦爛文明的王朝卻在一夜消失，此後再無蹤跡。直至一九一二年，有個叫做麥克沃斯・揚的英國人從印度出發，沿象泉河來到古格王朝的遺址，終於讓這座沉睡的古城重現於世，也引起更多探險家、遊客和攝影家，以及考古人員的到來。王朝為何消失至今仍是一個未解之謎，留待考古人士的研究與揭祕。

說到古格王朝，首先得提起它的前身象雄王國。關於象雄，大部分人對這個名字應該比較陌生，但它卻是吐蕃王

↑古格王朝遺址及前方的經幡

朝興起之前位於西藏地區的部落國家，「象」是古代部落氏族名，「雄」即地方或山溝，象雄基本上可以說是一個氏族部落的聯盟。史料記載，青藏高原上的象雄王國至少建於三千八百年前，版圖西到喀什米爾，南至拉達克（即印度邊界），北至青海高原，東至四川盆地。更有記載顯示當時象雄王國軍力強大，擁有一支近百萬的雄師。這樣算起來，那個時候王朝應該已有數百萬至千萬人口了。後來蘇毗、雅礱等部落興起，隨著吐蕃王朝逐漸強大，象雄王朝開始衰落。當松贊干布約在西元六四四年前後將象雄納入吐蕃王朝的疆域後，象雄退出了歷史舞台。

象雄擁有自己的語言和文字，它高度發達的文化可說是西藏的根基，貫穿西藏的方方面面，包含生活民俗、禮儀規範、天文曆算、宗教信仰、政治制度、醫藥藝術等，遠在佛教傳入西藏之前，古象雄佛法「雍仲苯教」（簡稱苯教）就早已在雪域高原廣泛傳播，是西藏本土最古老的佛法，如今藏民最重要的精神信仰之一。阿里是古象雄佛法的發源地，也就是西藏文明的發源地，也難怪有人說「不到阿里，枉至西藏」。

↓大家沿著遺址拾級而上，下方就是古城的入口

想像一下，三千多年前在阿里的遼闊曠野上，曾經有過這樣一個燦爛的文明，卻在滾滾的歷史長河中只留下了回憶，怎不讓人無限感慨？

如果說象雄文明是阿里的第一文明，那古格文明就是阿里的第二文明。

古格王朝的源頭可以追溯到吐蕃王朝晚期，由於吐蕃王室引進佛教來制衡本土的苯教後，王朝內部一直有苯教與佛教間的爭鬥，再加上連年戰爭，四面樹敵。至西元九世紀時，因吐蕃贊普朗達瑪實行滅佛政策，終引起王室內亂，並使得吐蕃王朝逐漸走向分裂與衰落。朗達瑪有個維護佛教的王室後人德祖袞在阿里地區建立了政權，也就是古格王國。這個政權存在七百多年，前後世襲十六個國王，直到十七世紀才結束。

關於王朝覆滅的原因，雖然史料記載是源於宗教信仰引起的戰亂和掠奪，但根據後世分析，或許最主要的原因還是出於札達地理環境的迅速惡化，不再宜居，使得人民被迫遷徙離去。不管真相如何，原本古格王朝擁有十萬之眾在一夜之間突然消失是不爭的事實，頗多傳聞導致後世眾說紛紜，又豈是寥寥數語能夠說清的呢？

一大早，我們來到位於縣城以西約十八公里處，象泉河畔的古格王朝遺址，這時已有許多旅客在此雲集，大家都懷抱同一個目的，就是觀賞古格王朝遺址「黃金日出」的奇觀。

趁著日出時間未到，我站在遺城下，用千年之後的雙眼仔細打量這千年前的殘留物。乍看之下，除了幾座參雜其間的建築物外，整個古王城就是一片廢墟，昔日的輝煌被歷史的風沙給沖刷殆盡，充滿了悲涼和滄桑，教人不勝唏噓。根據資料顯示，古王城大約是在十到十六世紀之間不斷擴建的，占地約十八萬平方米，由三百餘座房屋、三百餘個洞窟及兩條地下通道組成，擁有龐大的古建築群，用「壯觀」兩字來形容這千年遺址並不為過。

今日天氣正好，太陽升起時，陽光先投射在前方的黃土高原，映出一道紅光，然後逐漸成金黃，接著為整個「王朝」撤下了耀眼的金光，給人一瞬間的恍惚，眼前的廢墟彷彿在晨曦下重煥生機。然而這終究只是一場錯覺，儘管太陽依舊每天升起，過往的繁華早已逝去不復返。

1
2

1 遺址有 300 餘個洞窟

2 越上層是給地位越高的人居住

1 白廟的牆身漆上白色

2 紅廟的規模是古城幾座寺廟建築裡最大的

拍完日出的照片後，大伙開始沿著這座龐大的王朝遺址拾級而上，走走停停的攀爬過程中，英子在一邊指點介紹哪些是防禦外敵的圍牆，哪些是王室貴族的殿堂，哪些是供平民百姓居住的，還有哪裡是紅廟、白廟、度母殿，以及大威德殿，也就是輪迴殿等等。另外還有著名的藏屍洞，陰森恐怖，只不過那數十具缺少了頭顱的屍骨現在已經被搬離原地了，據說洞內的屍骨來自於當年古格王朝被攻破時，最後的國王與貴族被侵略者砍下了頭，棄屍於洞中。但這只是古格覆滅的其中一種未經考證的說法。

隨著太陽升起，溫度越來越高，我走到後來，乾脆把羽絨服脫下來。不過大伙也開始糾結，究竟要不要繼續往上走。因為疫情原因，也可能是出於保護用意，很多寺廟和洞穴都沒有開放，自然也無法欣賞到裡面精美的壁畫。經過一番商量後，決定推派體力最好的小陳為代表，讓他先上去看一看，我們再決定要不要跟進。後來證明這個決定是明智的，因為根據小陳的回饋，遺址頂端「啥也沒有」。我們便不再繼續攀爬，留在半山腰的洞穴前，俯視整個遺址。王朝遺址占地廣大，或許在碎土和斷壁殘垣間，仍有許多文物古蹟留待後人去挖掘。

↑遺址入口

氣勢恢宏的札達土林

我們首次來到古格王朝遺址，就非常幸運地欣賞到「黃金日出」，令人感動。

欣賞了這幕奇觀後，大伙開始穿梭在浩浩蕩蕩幾十公里的土林中，此時真切地意識到土林才是札達的主宰。前一日傍晚過來時，天色陰暗，沒有機會好好留意這些高原上的黃土林海，今天土林的真面目在面前清楚揭露。我曾見識過臺灣的月世界和南美玻利維亞的月亮谷，但比起眼前面積達數百平方公里的札達土林，真是有小巫見大巫的感覺。在朝陽的映照下，高低錯落的土林千姿百態，土色的山體有時呈現金黃色，陽光投射出清晰的陰影，明與暗的對比更顯強烈。

↓ 札達土林國家地質公園石碑

據地質學家的研究，札達和普蘭之間本是一個方圓五百平方公里的大湖，由於造山運動使湖盆上升，改變了水位，百萬年的歲月，歷經無數風雨侵蝕，終將昔日滄海變成了漫山遍野的土林奇特地貌。我們的車行駛在布滿礫石的峽谷中，仿若置身月球的表面，又像進入一個異世界。因為大自然的變遷，土林被雕琢成各種各樣的姿態，有像巍峨矗立的城堡、盤膝修煉的羅漢，或是一列列威武雄壯的軍隊，層層疊疊，綿延不絕，氣勢恢弘，不由感嘆大自然的巧奪天工。

各種型態的土林

我們偶然發現這顆「土林星球」的一處高地，一塊巨岩由土林崖邊凌空伸延出去，左右沒有任何遮擋，站上去可仰望高聳的「黃土碉堡」，俯視百米下是縣崖峽谷和蜿蜒的公路。為了把這般壯觀的景況記錄下來，我不惜冒險，小心翼翼地走上去。身後的小分隊成員紛紛為我加油，並為我指點姿勢，力求拍出效果更好的照片。在這錯落起伏、溝壑縱橫的壯闊土林間，我雖顯得渺小，卻也忍不住「欲與天公試比高」！

1 欲與天公試比高

2 濕地景觀與巍峨的山巒

↑ 沿途風景

我們的車終於駛出「外星」表面，繼續前行，過了獅泉河，翻越海拔5,191米的拉梅拉達坂。行至今日，大家對高海拔早已適應，沒有任何高反了，身體超乎想像的堅強。

之後大伙來到阿里西北部的日土縣，公路兩旁盡是濕地景觀、巍峨的雪山與靜謐的湖泊，沿路還經過一座用巨型石塊在山上砌出「毛主席萬歲」的主席山，又見到成群野鴨，以及高原特有的黑頸鶴，牠們在濕地湖泊中暢泳、安憩，悠然自在，荒蠻的大地上依然生機盎然。

1 拉梅拉達坂

2 獅泉河達坂

進入日土縣境內，英子帶領大家找到了分布在公路旁的一組岩畫群，這些岩畫是用堅硬的石頭或其他的硬物在岩石上刻鑿而成，線條筆畫各有深淺，其中也包括一些彩繪。畫像的線條簡單，內容包括人物征戰、放牧、動物和武器等等，具有很高的觀賞和考古價值，現在已成為西藏自治區非物質文化遺產，受到保護了。

1 岩畫區告示牌

2 各式各樣的岩畫

第十四天

中印邊境的神奇湖泊

在日土停留了一晚，就為了能在一大早前往班公湖看日出。班公湖海拔 4,242 米，位於西藏和喀什米爾邊境，西藏部分在日土縣境內，另一小部分則在印度控制的喀什米爾地區境內，在軍事上是個比較敏感的地帶。

班公湖又稱「錯木昂拉紅波」，藏語意為「明媚而狹長的湖」，又或是「長脖子的天鵝」，未知哪種說法正確，但其實意思差不多，都說明了班公湖是狹長型的。它是世界上最長的裂谷湖之一，所謂裂谷湖，就是在裂谷帶因為斷層運動而形成的湖泊。這座湖的東西長約一百五十公里，南北有四公里之寬，湖面約六百三十多平方公里，因為面積實在太大，站在湖邊，很難看到全貌。

1
2

1 斑公湖景色

2 班公湖碑石

班公湖

↑班公湖日出

不過最神奇的地方在於它的湖水鹹淡不均，由東向西依次為淡水、半鹹水和鹹水，位於中國境內的為淡水湖，面積約四百多平方公里，占整個湖的三分之二，湖上魚躍鳥飛，自然風光無限；另一邊印度控制的區域約一百六十平方公里，是全湖的三分之一，則是鹹水，寸草不生。同一湖水卻呈現兩種截然不同的狀態，這就是班公湖的神奇之處，也算是大自然帶給人類的驚喜吧！

根據英子介紹，麻嘎藏布和多瑪曲這兩條支流匯入班公湖的東段，因此東段擁有足夠的淡水來源，且因為補給量大於蒸發量，所以湖體東段成為淡水湖。但由於湖的中段較狹窄，湖水交替不暢，西部的淡水來源不足，再加上湖水蒸發量大於補充量，使得西邊的湖體變成了鹹水湖。

若說阿里是「世界屋脊的屋脊」，日土應該算是屋脊上最主要的那根正脊吧！這裡平均海拔在四千五百米以上，已十分接近五千米的生命禁區，所以生活在這裡的人口只有約一萬人，然而日土縣的面積有八萬多平方公里，典型的地廣人稀。日土地處中國的最西部，要到日土旅遊不單路程遙遠，還得適應高原環境，所以到訪的遊客不及其他地區多，也因此自然環境幾乎處於原始狀態，成為眾多高原生物的樂園。與阿里許多地區一樣，日土也位於群山腳下，然而不同於札達滿是光禿禿的土林，日土縣因為班公湖的存在成為阿里最濕潤的地區。

班公湖的日出時間比較晚，我們也因此得以更加悠閒地等待太陽升起，直到上午七時多，這才施施然來到班公湖的觀景台。這天除了我們小分隊五人外，就別無他人了。當旭日從山的後方冉冉升起，投射出萬道金光，點亮原本漆黑的大地，在日照金山的映襯下，班公湖也好似從沉睡中慢慢地蘇醒，隨著光線的變動，波光粼粼的湖水也顯現出多種色彩，從淺而深不同的綠。一群群海鳥迎著朝陽展翅飛翔，劃破了高原的長空。就是這樣的日出美景，讓我甘冒嚴寒的天氣也不願錯過。我緊握手機，把整段太陽東升的過程拍下來，並迫不及待把視頻傳給友人分享，換來讚歎聲不絕於耳。

1 藏野驢
2 羊群
3 濕地景觀

欣賞完日出班公湖的絕美後，我們原路折返，這時天已大白，班公湖周圍籠罩在朝陽下，一反原本的沉寂，整個煥發盎然生機。現在當地已發展成旅遊區，除了民宿和酒店外，湖邊也蓋起童話式的度假村，還提供遊湖的服務，旅客不僅能乘搭遊船到湖中巡遊，又可登上湖中的鳥島，親眼目睹珍罕的斑頭雁、棕頭鷗等。鳥島的面積不大，本身被碎石和鳥糞所覆蓋，低矮的灌木和水草都是鳥類的天然繁殖場。有趣的是，雖然湖中有不少小島，可是只有鳥島才獲得鳥類的青睞與光臨，駐足棲息。

日土縣的濕地資源和景觀也很有名，行走在路上，可以看到水鳥在濕地的草叢間來回穿梭覓食，草甸的一片片水窪中，也發現野驢、藏羚、狐狸等野生動物的蹤跡。每每見到這些嬌客的身影，都讓我們驚喜於自己的好運氣。

↑在革吉縣與當地居民合照

今天剩下的行程，基本就是趕路前往獅泉河的源頭——革吉縣。我們沿著 219 國道，一路前行，最終到達革吉已是傍晚了。「祭了五臟廟」用過晚飯後，外面依然陽光普照，太陽還未下山，大伙於是走入當地最繁華的中心區。這個縣的人口有一萬八千多人，面積達四萬六千多平方公里，中心區的道路很寬闊，當地居民大都穿著藏族服飾。雖然也遇上來自他省前來做生意的商人，但這裡居民主要還是以藏族人家為主。在這裡同樣能感受到友善的氣氛，碰了面，大家多半互相招手，微笑致意。

今晚剛好是中秋節的前夕，見到不少居民穿上傳統的華麗服飾，上街迎月。「但願人長久，千里共嬋娟」，這樣的祝福，古今皆然。

第十五天

中秋節驚魂記

第一道坎

今天是個特殊的節日——農曆八月十五中秋節，在這個闔家團圓的日子裡，我們小分隊居然是在荒涼的高原度過，是可遇不可求的難得機會，更沒有料想到，在這一整天漫漫長路的旅程中，我們居然接二連三的碰上突發事故，所幸每次都逢凶化吉，這些狀況不僅隊中的年輕人從未遇過，連我闖南走北，都是頭一遭碰上。回憶起這充滿刺激，既有樂趣，又帶著溫馨的一天，無疑將成為我畢生難忘的中秋節。

這天我們從獅泉河源頭的革吉出發，革吉在藏語的意思是「美麗富饒的土地」，地處羌塘高原大湖盆區，而潺潺流淌於革吉境內的獅泉河，則是印度河的上游。按原來的計畫，我們會夜宿在中途的仁多鄉。本來這段行程並不長，是較輕鬆的一天，英子也保證我們當晚將在仁多鄉賞明月、吃月餅，過個非一般的中秋。這次我們繞過 318、317 國道，取 716、711 縣道而行，是阿里環線中北線的其中一段。

↑一路是平靜又荒涼的曠野

當我們走出了革吉不遠，就面對接連不斷的荒漠高原，縣道越走越窄，也非平坦大道，而是布滿砂礫碎石的路，有時還要避開路面的坑坑窪窪，可說是在顛簸中努力前行。我並未隨同其他隊員在車上小憩，與小陳雙眼緊盯前方，而舉目所及，皆是平靜卻又荒涼的曠野，廣袤無垠。

突然間，小陳把車停下來，並迅速跳下車，走到車後仔細觀察一番，接著轉頭向我們說明，四驅車其中一副避震器失靈了，想必它受不了連續十多天不停地在崎嶇的道路行駛。猶記得我們剛過怒江時，四驅車曾爆過胎，這是第二次向小陳師傅表示「不滿」罷？

經過檢查後，小陳認為應無大礙，可

↑路上遇到騎行的人

以繼續走完剩餘的行程，只不過車速得適當降低，以免車子又耍脾氣，再次向大伙「撒嬌」。

其實行走在兩側寸草不生的縣道上，最讓人擔心是手機和網路信號經常中斷，這才是我們最大的隱憂。英子在出發前曾經先向大伙說明，若繼續走317、318國道，路況會較好，且沿途穿過多個縣鎮，但風景不及走縣道的好；選擇走縣道，一路上景色變化多端，是難得一見的荒蕪區域，較容易見到高原野生動物的蹤影。她也事先聲明，沿途有些區域並沒有明顯且固定的道路，這對小陳也是一次考驗。因為早就為大伙打了預防針，因此真正遇到事情，倒也沒有太訝異，只不過是「時間剛好」，車子機件壞了吧！

我們繼續向著藍天白雲的前方前行，遠方雪山的輪廓更加分明，伴著湖泊，這樣的景色令人心醉神迷。車子減慢速度行走在地形複雜多樣的縣道上，欣賞雄偉壯觀的岡底斯山脈群峰，經過大大小小的濕地草原，以及不知名的湖泊等。大伙對小陳越來越有信心，相信他一定會讓大家安全順利抵達仁多鄉。

2	1
3	

1 行經的房子與帳篷

2 不知名湖畔的瑪尼堆

3 濕地景觀

1 犛牛群
2 藏原羚
3 犛牛群

在這段高原上，偶爾會見到汽車被棄置路旁，看上去已經放置在那兒有一段日子了。小陳向我們說明原因，原來在這偏遠荒涼之地，假如車子出了事故，或零件有了狀況而拋錨，需要補充修理零件，這時可就麻煩大了，因為最近的修車作坊很可能在幾十公里外，找拖車服務，費用甚至貴得可以買一台新車。所以車子被迫棄置在此，雖是無奈之舉，但也算是明智之舉了。不過放棄汽車之餘，也只能選擇繼續等待路過的車輛，搭順風車到附近的縣城，或者乾脆徒步走出高原。聽罷，我唯有暗地祈求這樣的事故千萬別發生在我們小分隊身上。

在藏北燦爛陽光的照耀下，雖然偶爾遇上陣陣風沙，卻未使湖闊天高的景致變成混濁，依然是那般純淨。此時，大家眼前只有淨土，心中充滿了無限的想像。

↑途中遇到人清掃道路

縣道的盡頭就是我們原定下榻的仁多鄉了，一條筆直的縣道貫穿這個小村落。因為這裡是前往扎布耶茶卡鹽湖的必經地，旅客多選擇停留下來，過一宿後才繼續上路，小村落因此熱鬧起來。

小陳師傅趕忙尋找村中唯一的修車作坊，要為車子換上一套新的避震器。一問之下，卻得知雖可以更換，不過要等上三天，因為零件要從老遠的拉薩運過來才行。小陳掂量一下車子性能，為了不耽擱行程，決定放棄在此更換。

仁多鄉人口稀少，大多數的鄉民都以畜牧業為生，因旅遊人士的來往，部分居民開設了民宿，為旅客提供住宿和餐飲服務。鄉民們很熱情，帶我們到當地最「豪華」的民宿旅舍。然而當我們準備卸下行李，才發覺這裡只有公共盥洗室，卻沒有洗浴的地方，我們幾人都感到十分不便，況且當地晚上氣溫奇低，要走到外面如廁，又有著涼的可能。大家彼此對視一番，最後決定不在此地留宿。

別過穿著傳統服飾，盛裝打扮的鄉民，小陳發動車子，載著我們直奔鹽湖。

第二道坎

為了穩當起見，小陳特別約好越野車隨後跟來，萬一路上有突發狀況，至少多了一個照應。可是高原網路不穩，在途中始終無法聯繫上對方，唯有「孤身走我路」，獨闖荒漠了。

扎布耶茶卡湖是此行必到的景點。青海的「天空之鏡」茶卡鹽湖幾乎人盡皆知，但藏北高原上這個扎布耶茶卡鹽湖卻知之甚少，沒有茶卡鹽湖那般的人氣，或許因為它地處羌塘高原無人區的深處，旅客擔心高反，一般人不容易到訪。

扎布耶茶卡湖又有查木措、扎布措等別稱，除了是世界第三大鋰鹽湖之一，近年根據科學家的研究發現，湖還有一種世界唯一的新礦物——天然原生碳酸鋰，後來被命名為「扎布耶石」。扎布耶茶卡湖面積甚廣，分南湖和北湖，南湖同時具有固態的鹽結晶和液態的湖水，北湖是滷水湖。這片湖區所蘊藏的資源非常豐富，不過對於旅客來說，最大的吸引力，應該是因為它所含化學成分不同，使其呈現出不同的色澤，從而展現變幻多端的面貌。

我們來到時，這裡的溫度約只有一到兩度，刮著大風，感覺非常乾燥。眼前所見，湖水除了一般常見的藍色之外，還有呈粉紅和綠色的，粉紅色的部分據說因水中的生物滷蟲所致，十分特別。在湖的一隅，還有一格格的池子，分別有紅、

↓湖水除了藍色之外，還有呈粉紅和綠色的

白、棕等不同顏色的滷水池。在我看來，這個荒原上罕見如「調色盤」般的鹽湖，比青海的「天空之鏡」更多了一分夢幻的感覺。待我西藏的行程結束後，困在甘肅的隔離酒店內，乘機觀看電影《七十七天》，其中一段情節，就在鹽湖區內取景，如果未到過這裡，可能會覺得是電影添上了人工色彩呢！

離開扎布耶茶卡之後的路段繼續是無盡的荒野，車窗兩邊的坡巒丘陵幾乎沒有植被，原始地表的模樣被一眼看穿。我們小分隊在這片無人區裡駕車獨行，走了好長一段的路，幾乎看不到車轍的痕跡。如此偏僻、嚴寒的高原地帶，生存環境十分惡劣，渺無人煙，應該只有不時出現的藏野驢、藏羚羊、土撥鼠等各種野生動物，可稱得上是這裡真正的主人。但也是因為這種難以用語言描述的原始風光，才使得遼闊又平靜的羌塘荒原幸運地保有獨特的神祕感與魅力。

越過一座山嶺、一片荒原，我們終於看見前面的帕江鄉，此時已經是傍晚晚飯時間，大家的肚子全都餓得咕咕直叫，又發現車子的汽油所餘無幾，決定借這個鄉村用晚餐，更重要的是先把車子的汽油加滿。至措勤縣還有一段相當遙遠的距離，單是車程就有好幾個小時，大家找到了村內一家麵店，儘速解決晚飯，一邊等待車子加好油。小陳忽然面帶驚慌地從外面闖入，告訴我們此處找不到加油站。他又詢問其他當地鄉民，均得到相同的回應，聽說加油站關閉了，停止營業，要到好幾十里外才能找到。

个扎布耶茶卡湖景

大家都知道，在藏區—尤其是無人區—自駕，每天的一大要務就是給車加油。高原上有時很難找到加油站，即使找到也不一定能添上汽油，這就是我們目前所擔心的，不知道剩下的汽油能否支撐到達縣城。

出乎意料的是，在用餐時，坐在鄰桌的是這個鄉的派出所所長，聽到了我們遇上「油」的難題，理解到我們所處的困境，餐後主動駕車從後追趕上來，為我們提供幫助。大伙驚喜交集，心懷感恩地謝過所長，跟著他的車子奔向希望的加油路。這段路翻山越嶺，道路兩旁的風景一點也不差，同樣是旖旎的風光，不過大家心情忐忑，無心張望欣賞。

一個多小時的車程，我們來到了隆嘎爾鄉，這位所長「為人為到底」，直接聯絡加油站上的員工為我們提供加油服務。在這裡再次表達我們的感激之情，帕江鄉公務員為人民服務的精神不只是說說而已，而是落實在行動上。

往返一百多公里的「找油路」總算是獲得一個完美的結局，也順利化解了當天的第二道坎。

第三道坎

今天是個特殊的日子，晚飯時，店老闆知道我們自遠方而來，為了讓我們在異地也能慶祝這個月圓之夜，特別送上月餅給我們解解饞，我們一行五人終於有了一口應節的吃食了。加過油後，大伙迅速趕路，畢竟時候已經不早。

到了月上三竿的九點多，眼見像一團金光的滿月從岡底斯山脈徐徐升起，這般渾圓的月亮，是我畢生首見，想必是我們離「天宮」太近了。此刻萬籟俱寂，皓月當空，月色如洗，照亮了整個高原，北斗星伴隨著明月浮游在天際間。我們索性停下車，在一片寂靜的山野中，感受著「明月出天山，蒼茫雲海間」，荒野中的月圓堪得幾回看！所謂「月圓人團圓」，在賞月之餘，大家的心思卻也不期然的飛回家中，思念家中的親友。「今人不見古時月，今月曾經照古人」的思緒同時湧上心頭。直到雲層籠罩，逐漸把月亮遮蓋住，我們才又重新趕路。

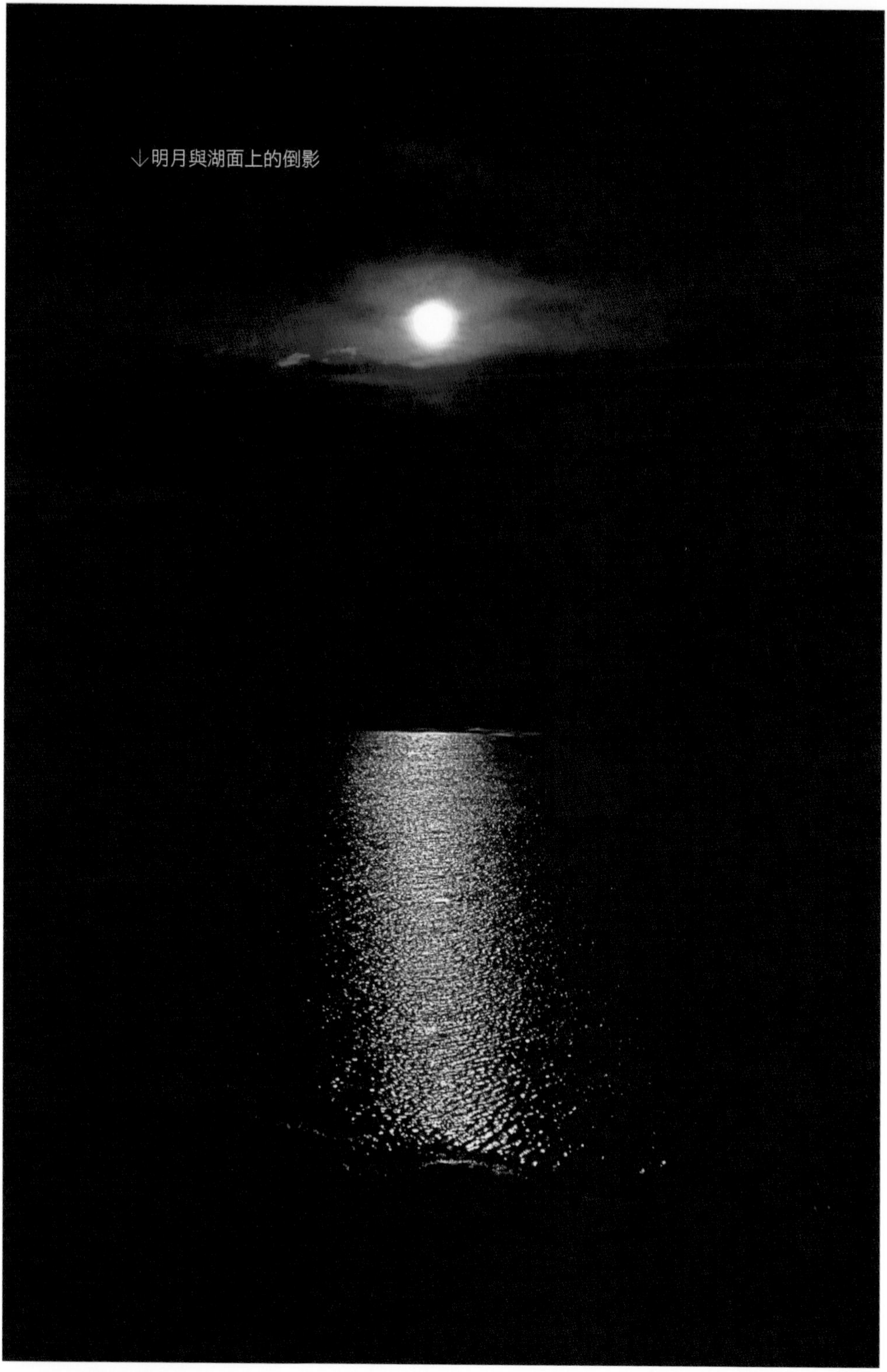

↓明月與湖面上的倒影

今天漫長的車程已令大家疲累不堪，尤其我們的領航員小陳師傅更是辛苦，為了趕路，還抄了捷徑走小路。然而荒野上缺乏對照物，方向難辨，一不留神就迷了路。屋漏偏逢連夜雨，更要命的是在一邊行進、一邊找路的過程中，車子竟陷入浮沙礫石坑中。剛開始我們都沒太在意，直到小陳叫我們下車協助一起推車，車子卻越陷越深。大伙把車上行李全部卸下減輕負重，依然未獲成功，這才發覺大事不妙。若在平原地區遇到這種事故，尚且麻煩重重，更何況在渺無人跡的高原曠野。小分隊試圖叫喊求救，卻只有聽到自己的回聲，手機又沒有訊號，平生第一次出現了叫天不應，叫地不聞的感覺。我已有留在車上過夜的打算，待到天明後再作安排。

所謂天無絕人之路，終於看到一輛過路的大貨車朝我們開來，為我們帶來了「絕處逢生」的希望。雖然因為缺乏救援器材而無計可施，無法擺脫困境，但這位來自河南的貨車司機了解我們的窘迫，自告奮勇選擇留下來陪我們一起想辦法。最後，小分隊兵分兩路，由小趙留在車上陪我，其餘小陳、王晶和英子走向山前，一路找尋網路訊號。直至百多米外高地，終於收到斷斷續續的信號，又在貨車司機協助下，打通了 110 求救，告知我們陷車的山區位置。措勤縣派出所迅即給予回應，他們會馬上派出救援人員，約一個小時就能到達。我們的希望終於重新燃起。

一個多小時後，見到派出所的警車燈光自遠而近，登上我們所在的山坡，大家激動地歡呼起來：救星終於來了！公安幹警們馬上想方設法，先用拖車工具，依舊無法令車子脫困，他們並不氣餒，徒手挖開車輪周邊的沙土，並連聲安慰讓我們放心。折騰了近兩小時，才把車子穩當地拖出來。考慮四面漆黑一片，容易迷路，幹警們還一路護送，直至大路才與我們道別。

人生中最特別的一個中秋夜就這樣結束了，借這個機會我要再次感謝阿里地區措勤縣江讓鄉派出所的所長和民警同志們，切切實實把人民群眾放在第一位，第一時間解決群眾遇到的困難，今天回想起來依然無以言謝。

深夜救援這事兒還有個後續，我們結束西藏之行後沒多久，就收到了江讓鄉派出所所長發來的一張圖片，所長舉著我們寄送過去的感謝錦旗，滿臉的笑意，一切盡在不言中！

這就是我們在中秋節遇上的第三道坎，又是平安渡過，幸甚！幸甚！待我們抵達措勤縣酒店時，已是翌日的凌晨四時了。

个江讓鄉派出所所長舉著我們寄送的感謝錦旗

第十六天

養足精神重新出發

經歷了前一晚的「險象橫生」，大家心裡都免不了惴惴不安。今日沒有像往常那樣早早地準備出發，直到日上三竿才上路，折騰了一天還是要好好休息一下補充體力。小陳師傅昨日最疲累，更需要養足精神，以應對今天的路程。

由於車子的避震器已壞了一副，也迫使我們後面的行車越發小心，萬一再遭遇類似昨天的事故，未知是否還有那麼好的運氣，再一次化險為夷。好在大家出門在外慣了，都保持著一顆平常心，一路上除了熱議昨天的驚險，繼續享受途中漂亮非凡的景致。今天到尼瑪的這一段省道跟昨日比起來，路況已好上太多，崎嶇的公路對我們小分隊來講已經是小菜一碟了。也許大家經過昨天的歷險，往後的路程就會覺得有點平淡、缺乏刺激感了。

車子一路行進在羌塘高原上，幾百里路是茫茫的無人區，看不到半間民房村落，因此保持著它原始的美。中途來到一個安靜的小湖泊——達瓦措，海拔 4,626 米，

1 措勤縣城之景色

2 措勤縣城內的特色雕像

1 達瓦措景色

2 夏崗江雪山雄偉壯麗

坐落在措勤遼闊的大草原上，藏族人心中的月亮湖。這個湖名氣不是很大，無法吸引太多旅客專程來此旅遊，響亮程度更及不上「聖湖」。貧瘠卻廣袤的大地上，出現這樣一潭平靜如鏡的湖水，正午時分的熾烈陽光照耀，湖水顏色深淺不一，呈現從淡綠到湛藍的漸變。但不管顏色如何轉換，湖水都一樣清澈通透，看著看著心情頓然舒暢起來。

總的來說，阿里全線的路程非常艱苦，不過美景當前，任何艱辛險阻都是值得的。

離開達瓦措時，遙遙望去，見到一座雪白無瑕的高山，它就是終年積雪不化的夏崗江雪山。雪山逶迤，共有十多座山峰，其中最高的主峰高達海拔 6,822 米，巍然屹立在綿延千里的高原上，雄偉壯麗。

關於這座雪山還有一段悲情的民間傳說：相傳夏崗江雪山原來是一位美麗的少女，許配給了著名的神山岡仁波齊做妃子，誰知在出嫁途中，被一名老頭扎古郎—今日改則縣洞措鄉內的一座山—奪去了貞操。在悲憤之餘，美麗少女化成了千年不化的夏崗江雪峰。而她一直流淌著淚水，汩汩不絕，化作雪峰下一處清澈見底的溫泉，無聲地控訴扎古郎的暴行。

夏崗江雪山周邊盡是原生態的自然樣貌，野生動物自由自在的天堂，運氣好的話，或許能見到野馬、野驢、紅嘴鷗和野犛牛的蹤跡。其中尤以高原中的小精靈藏原羚最惹人憐愛，牠們在草原上機靈地跳躍，身後帶著一撮黑毛的白色屁股，讓我們一眼就認出來。雖然大家都很想把車停下來，盡可能靠近，拍下牠們趣緻的模樣，但也不願驚動牠們，深知保持一定的距離，才是對牠們的真正愛護。藏原羚和我們遠遠

地彼此「凝視」，估計牠們都帶著好奇心，但也明瞭到底誰是高原的主人，誰又是過客。這些生靈生活在高原荒漠，在壯闊的荒野上繁衍生息，天天與嚴酷的自然環境抗爭，適應能力和生命力確實是無比頑強和堅毅！

且說整整半天的行程都沒有太多起伏和驚豔之處，省道上只有我們一台孤身上路的四驅車。坐在車子裡，大家不禁要問一問，到底是我們在欣賞風景，還是我們成為了荒原風景上的點綴？

2 1

1 羊群

2 壯闊的沿途風光

第十七天

探索古文明村落

尼瑪是我們行程中的倒數第二個住宿點，英子已為大隊安排好，我們將在這裡安營紮寨兩天。如此一來，第二天就不用整理行裝，可以從容用過早飯再出發。

「尼瑪」是一個縣城，在藏語中意為「太陽」，大家第一次聽到「尼瑪」都不約而同發自內心微笑，因為「尼瑪」的讀音是當今罵人的網絡流行語，現在弄清楚「尼瑪」是一個縣城名字，才不致鬧出笑話。

今天行程很充實，要進行一次古文明村落的探索。大伙離開尼瑪縣城，走的是216和317國道，沒多久就開始翻山越嶺，走了一段相當長的無人區，淨是高山、草甸以及戈壁荒漠，幸好沿途還有一群群羊和氂牛陪伴。大伙在浩渺的藍天白雲下，走過坦蕩如砥的高原和恬靜碧綠的湖泊，這天天氣變化多端，時晴時雨，行路略微艱辛。然而當我們眺看雲霧環抱遠山，如聖潔的哈達，頓時忘卻自己身在荒漠中，心情一下子飛揚起來。再加上英子一路上不斷形容即將抵達的聖湖和遺世村落是如何的美，挑撥大家的心弦，恨不得立刻長上翅膀飛越山嶺，到那裡看個究竟。

1
2

1 途中經過的簡陋民居

2 前往古文明村落的途中風景

↑前往古文明村落的途中風景

前往古村落的行車時間約需要兩小時，尼瑪地處藏北高原，平均海拔超過五千米，空氣稀薄，氣溫很低，又常有風雪。每年到尼瑪旅遊的旅客，多半是自駕驢客，大團體的旅行團並不常見到，來這裡的旅客都得努力克服和適應高原反應，反觀我們小分隊出發至今天已十七天了，未曾出現過高反，我們幾人都感到相當自豪。

尼瑪的總面積約七萬三千平方公里，人口卻只有三萬多人，當地藏民大多以牧業為生。據英子掌握的最新資料，經過近年來政府推行的脫貧政策，目前全縣已宣布脫貧了，實是可喜可賀。

我們前幾天遊過札達的古格王朝遺址，曾經提到過古象雄文明，尼瑪以及稍後我們即將到訪的文布村落就是一處重要的古象雄文明發祥地。古象雄分為裡、中、外三部分，或稱為上、中、下，尼瑪屬於中象雄地區，在藏北一帶，也曾發現過多處古象雄的王城遺址，不過往返遺址的路程距離太遠，因此未有安排此行程。

傳說古象雄的王城就位於文布鄉的窮宗，象雄王子幸饒彌沃為了救渡眾生，成為雍仲苯教的創始人，苯教認為幸饒彌沃為釋迦牟尼前世「白幢天子」的師父。苯教對於西藏文明的重要性，前面已經說過，不再贅述。英子向我介紹，今日藏民有許多習俗，例如轉神山、拜神湖、懸掛五彩經幡、放置瑪尼堆、使用轉經筒等等，其實根源並非佛教，而是來自於象雄時期的苯教。

在西藏各地的山間、路口、湖邊、江畔等，到處都可以看到一堆堆壘起來的石頭，這就是瑪尼堆，基本上一種是堆起的石頭，藏語稱為「多本」，或是堆成一道牆垣，這種瑪尼牆在藏語稱「綿當」。石塊和石板經常刻有佛教六字真言、神像、各種吉祥圖案，或是苯教八字真言等，這種石頭就稱為瑪尼石。西藏原始的宗教信仰來自於對自然萬物敬畏和崇拜的心理，自然包括石頭本身，其後佛教傳入西藏，便已不再使用純粹的石頭，會刻上佛經佛像等，讓石頭更具有靈氣及庇佑的作用。

↑東達山上的瑪尼牆和瑪尼堆

↑瑪尼堆

↑古格王朝遺址前的瑪尼石

大伙邊聽邊走，不知不覺文布北村遙遙在望。英子說小村落歷史悠久，雖然論起名氣，不及我們下一個遊訪的文布南村。打個譬喻，就是「大餐」前的「前菜」，但依然值得去探索它的精緻、它的一景一物。小村莊依山坡而建，民居櫛比鱗次。當地有個湖泊叫做當穹措，藏語的意思即「小的當惹雍措」，據說從前它與聖湖當惹雍措是連在一起的。隨著陽光照射，湖水呈現如明鏡般的透澈碧藍。

在藏區最美的建築莫過於寺廟了，當穹寺亦不例外。寺廟

↓文布北村

在村子的最高處，赭紅色的外牆建築，格外引人注目。當穹寺距今已有三百多年，屬於藏傳佛教噶舉派的寺院，而噶舉派下又有很多分支，它是當中最大一個派系，叫噶瑪噶舉。寺廟的大門半開，我們進入時，裡面有幾位老人家在轉經筒前正襟危坐，虔誠唸誦，完全不理會外界打擾。大伙接著登上寺廟的高處，放眼望去，天高雲淡，遠處群峰頂端還積著白雪，與寺廟的赭紅、當穹措的湛藍組合成完美絕配的天然圖畫。

↓寺廟高處與當穹措

3 1 2

1 寺廟在村子的最高處，赭紅色的建築格外引人注目

2 當穹措前的五彩經幡與轉經筒

3 當穹措全景

離開了當穹寺，我們一路向前開到與文布北村相隔約四十公里的文布南村，兩村距離雖不算遠，但卻存在著兩種不同的信仰。文布北村的信仰是藏傳佛教，而南村的信仰是西藏最古老的宗教——苯教。

「自古逢秋悲寂寥，我言秋日勝春朝」，今日恰逢秋分，到達文布南村時臨近中午，可以看到男男女女村民正忙於在一大片金黃色的青稞地裡開鐮收割。據英子介紹，藏區的秋收是有講究的，會選擇「黃道吉日」才收割。我們下了車，徒步走進田裡，難得的是他們都很樂意讓我們拍攝，小分隊成員再次用鏡頭記錄下如同《拾穗者》的一幕。村民們一邊忙著飛舞鐮刀，偶有閒話家常，聲音中透著笑意，興之所至還會放聲高歌，原生態的唱法粗獷、聲音明亮有力。小陳在旁見狀，還主動上前幫忙捆紮。我感受到他們既有對宗教的虔誠，又有對美好生活的追求，陶淵明所形容的「桃花源」也不外如是。

文布南村所在地海拔四千六百多米，首先映入眼簾的是一座座用石頭砌成的藏式民居，民房同樣是依山面湖而建。村子面積並不大，進村道路蜿蜒曲折，可以見到目前有不少正在興建中的工地，看樣子是在修築旅館。午飯時間已屆，當地婦女帶著小孩到農地和工地為親人送水送飯。我們嘗試與對方交談，然而遇到的當地成年人都不太講漢語，但小朋友很有禮貌，落落大方，且能聽講普通話，看得出是當地普及教育的成果。

文布南村裡的村民們

文布南村名氣大，最主要因為它附近的當惹雍措和達果雪山。古象雄王朝在全盛時期的疆域極其遼闊，還有輝煌燦爛的古象雄文明，不少古象雄王朝的遺址和文物就位於達果雪山和當惹雍措區域，在此處被考古學家挖掘出來，惜因時間緊迫，未能逐一參觀，只有事後透過查閱資料去作了解。

當惹雍措為南北走向，是西藏面積第四大的湖泊，三面環山，唯有南岸達果雪山東側有一個缺口。達果雪山有七座山峰，很像七座整齊排列的金字塔。達果雪山連同當惹雍措被奉為雍仲苯教的神山聖湖，是古象雄文明的搖籃。英子用手指向湖的一邊，表示在懸崖山洞中有一座玉本寺，

2 1
2

1 文布南村景色

2 與英子換上了當地藏族的服飾，臨湖畔載歌載舞，擺起各種姿勢拍照留念據說是目前最古老的苯教寺廟，供奉的是狼面女神，依舊香火鼎盛。藏民會在湖四邊的泉池沐浴，目的是為了洗去罪孽和驅除百病。

前面提到過，「雍措」在藏語中的意思是碧玉般的湖，當惹雍措也當得起這個名，湖水湛藍到失真。英子反覆強調，在她心目中，此乃西藏最美麗的湖。受到這般壯麗環境的感染，我和英子一時興起，換上了當地藏族的服飾，臨湖畔載歌載舞，擺起各種姿勢拍照留念，甚是有趣。

待大家興盡離開時，又見到原本在田裡勞動的村民，這時他們剛用過午餐不久，利用農休時間，兩位大叔居然在田裡摔角娛樂，我們在旁見了，不由得一起歡呼助興，把場面一下子弄得沸騰熱鬧起來！

1
2

1 收割青稞

2 在聖湖當惹雍措前跳躍

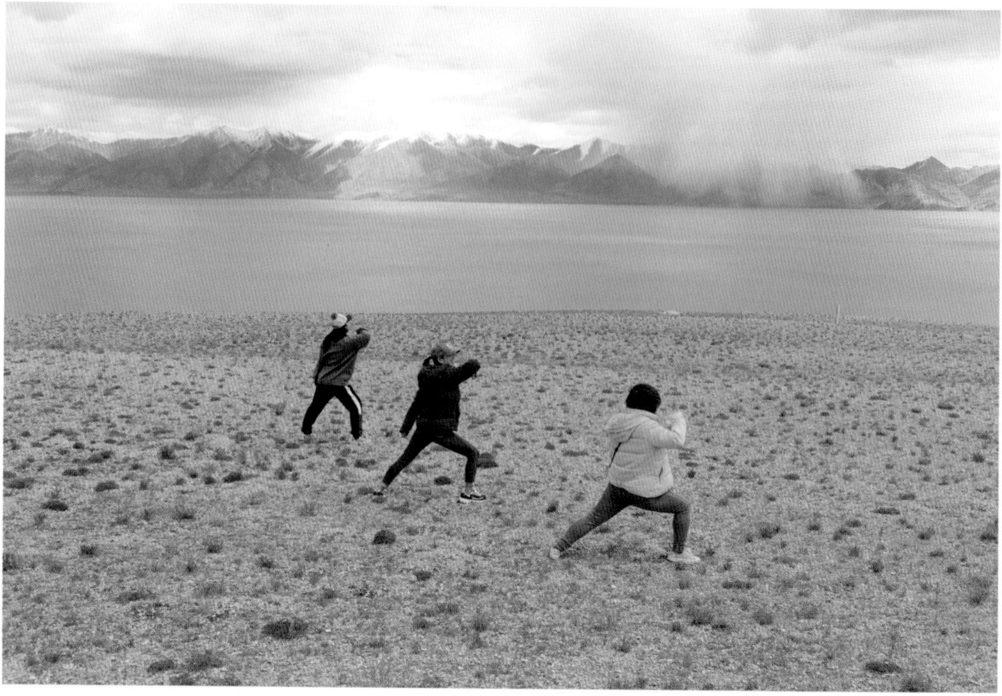

別過古象雄文明發源地，我們沿著湖邊一路走過去，途中天公又變臉，從晴空萬里到烏雲壓頂只不過幾分鐘的時間，轉瞬間傾盆大雨落下，不過剛好降落在湖中央，讓大伙不致成為衣衫盡濕的「落湯雞」，還讓大家欣賞到一場別具特色與趣味的雨景。我們在湖邊期待雨後七色彩虹的出現，守候片刻，仍未能如願，唯有帶點兒失望折返尼瑪。

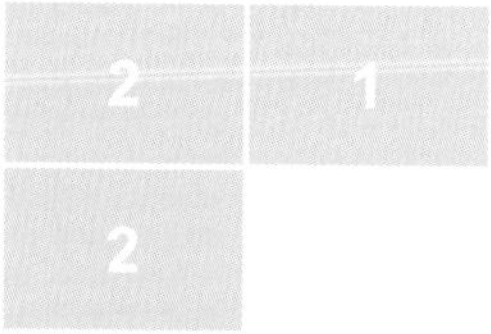

1 別具特色與趣味的湖中央下雨，見到這奇特景象，小分隊成員忍不住擺姿勢拍照

2 當惹雍措景色

第十八天

一「措」再「措」的一天

導遊英子說，今天是我們最多「措」的一天，當然不是說會犯最多的錯誤，在藏語中，「措」是湖泊的意思，亦即今天一路上將會經過一個接一個的湖泊。阿里北線上的一措再措太多了，有名氣的也好，不知名的也罷，分散在荒原曠野中，如同一顆顆的高原明珠。英子警告我們，在繞行「措」的時候，會經過濕地、草甸，有平坦的路段，也會走一段很長的搓衣板路，路程將會相當艱苦。「搓衣板路」這說法我聽來覺得很新鮮，經解釋，才知道原來是指路面長期經過車行輾壓，形成像洗衣板凹凸不平的路面，「搓衣板路」實在太形象化了。

雖然如此，比起我們中秋節那天的經歷，已好得多了。況且今天薰風習習，陽光燦爛。小分隊沿著317國道前行，剛離開尼瑪不久，在公路的兩邊就見到不同的景觀：右面是長滿牧草的山坡，這些牧草都已顯得枯黃，後面橫列著高度相若的黃土丘陵，猶如一條巨龍橫臥在高原上；左邊卻是廣漠無垠的草原，散落在草原的氂牛如點點繁星。我們走走停停，不時停下來欣賞與拍攝路上的草原美景。

↑達則措景色

个途中遇到呈粉紅色的小湖

前行不久，左側出現了一個湖泊，這就是今日行程的第一個措——達則措。它是個鹹水湖，湖邊鋪上一層白色的鹽結晶，彷彿藍得透澈的湖水配上了白色蕾絲般的「裙邊」，岸上則有一片淡紅的灌木，藍、紅、白三色相間，互相輝映，又是一處不可多得的人間美景。

我們沿著好似沒有盡頭的國道走了約一個多小時，行程的第二措——恰規措終於出現在前方。湖的面積接近九十平方公里，從地圖上看起來，形狀相當不規則。其實恰規措與

↑恰規措景色

我們接下來會遇到的錯鄂措和色林措原本是相連的。許久以前，由於地殼運動、氣候變遷等因素，使得湖水退卻，從而分成了幾個大小不一的湖。

這裡的道路並沒有設在湖邊，為了更接近湖泊，我們把四驅車開到嵌進湖中的小半島上。下了車，小旅伴王晶一個箭步走到湖邊，估計被湛藍的湖水所吸引，正想嚐嚐湖水的味道，立即被英子勸止，原來恰規措也是鹹水湖之一，湖水苦澀，若貿然飲用，就要釀成「大錯」了。

恰規措看起來並不像其他高原湖泊那般廣闊無邊，顯得有點小巧玲瓏。湖邊有藏民掛起的五彩經幡，在曠野中隨風飄揚，周邊絳紅色的山體，映襯著一汪湖藍，著實是個理想的攝影地點，小分隊的女隊員們又再次充當起模特兒，我按下快門，將她們的倩影和身後的美景一起留住。

此時已是午飯時間，這兒四野人煙罕見，離最近的城鎮仍有一段相當遠的距離。雖然大家有備而來，早就準備了便當，但英子建議我們繼續前行，到錯鄂措和色林措才用餐，那裡風光更是優美。

於是眾人繼續 317 國道的征途，又經過一個多小時車程，四驅車下了國道，來到一片黃土砂石的曠野。這裡可以算是個祕境，通常旅遊團並不會來此，大概只能見到自駕或包車前來的旅客。在這麼大的湖區，一眼望去，看到的人不超過二十個，非常清靜。

曠野左右兩側各有一個湖泊，分別是色林措和錯鄂措。兩個措一大一小，色林措是鹽湖，而錯鄂措則是淡水湖。英子先讓大家認識鹽湖色林措，它是目前西藏第一大湖，而在二〇〇四年之前，它仍然屈居在納木措之後，因為全球天氣暖化，冰川融化，導致水位上漲，湖面擴張，居然因此「吞併」了周圍的一些小湖泊，就這樣「勇奪」西藏第

↑左邊為色林措，右邊為錯鄂措

一大湖的稱號。色林措同時也是我國僅次於青海湖的第二大鹹水湖，湖水面積為2,391平方公里，東西長七十多公里，寬度二十多公里，看起來如同大海般遼闊深遠，經常無風起浪，甚至有「魔鬼湖」之稱。但有別於「鬼湖」拉昂措那樣「謝絕生物」，色林措可是藏北野生動物的天堂呢！

色林措為什麼有「魔鬼湖」之稱呢？這離不開關於它的傳說：很久以前有個叫色林的魔鬼，無惡不作，經常出沒在高原，讓當地的居民不得安生。後來藏傳佛教寧瑪派的始祖蓮花生大師打敗了色林，色林一路逃亡，最後鑽進了湖裡，大師便讓湖中的七個精靈看管，使色林無法再出來危害人間，藏人因此將湖稱為「色林堆措」，也就是「色林魔鬼湖」的意思。

這一路走過來，我們算是見到了無數大小措，但若認為色林措跟其他措沒什麼兩樣，那就真是大錯特錯了！英子說，為了更加感受到湖的浩瀚無邊，得登上色林措旁約兩百米高的崖坡。我們先請小陳師傅把車開上山坡，不過他擔心車子輾過滿地碎石的坡路，會再出狀況，猶豫再三，最後大家決定以徒步方式攀爬上

↓爬到高處看色林措

去。在如此高海拔的地方要登上山坡，即使大家互相扶持，登到山坡頂時，我和其他人都不例外，早已氣喘吁吁了。

我俯首望去，距離湖面有數百米的高度，確實有點驚心動魄，但視野極佳，毫無阻礙，可將整個高原湖看個透徹。遠方湖面與天際相連，湖水如變色龍一般隨著光影不斷變幻。站在山崖邊，腳下踏著砂石，讓我更加小心翼翼，不敢掉以輕心。蘇東坡先生講「高處不勝寒」，但一些難能可貴的絕美景色卻往往僅在高寒之處才可見到。

↓色林措一隅

廣大無邊的色林措有種天地闊遠的荒蕪感，面對此景更加深切體會人類之渺小，不免心生「念天地之悠悠，獨愴然而涕下」之感慨。在山坡上賞景之餘，聽到一旁有位藏族青年對著色林措呢喃誦經，雖然我們一句都聽不懂，卻能夠理解他對宗教的虔誠。

方才提到，這個湖因為不斷擴張，已經吞併了周邊很多小措，周圍更成了一個衛星湖區域。湖水的外延使得高原野生動物有更多繁衍生息的機會，同時卻也意味著岸邊土地逐漸被吞噬，已有湖區附近的牧民因此不得不撤離遷移。按目前的發展來看，色林措水域還在不斷增長，想必也將會對當地居民帶來更大的影響。

1 錯鄂措一隅

2 與錯鄂措合照

大伙在崖坡上逗留了好長一段時間，留戀著「魔鬼」之大美，幾經催促才終於後撤下來。

措見多了，大家不免漸漸地犯了審美疲勞。然則每一個措有它獨特之處，值得細細品味。

色林措的右邊是錯鄂措，兩湖相距不到一公里，南北相望，左邊湖水厚重如大海般廣闊，右邊是水色澄碧的淡水湖，顯得嬌小秀氣。我們面對清澈如鏡的湖席地而坐，享用了遲來的午餐。

若干年後，這個波光粼粼、惹人憐愛的湖泊會不會被它的「鄰居」色林措吞併？錯鄂措前途未卜，我們一邊欣賞湖景，一邊臆測大自然可能會如何變動。

1

2

1 錯鄂措湖畔的牛羊群

2 錯鄂措景色

再往前走就是大伙告別藏北高原前的最後一站——班戈縣，也就是今晚夜宿之地。臨進入縣城前，最後一措是正逐漸被「魔鬼湖」蠶食鯨吞的班戈措，又叫「傍格湖」，也是鹹水湖，盛產細鱗魚，同時是當地最早發現與開採硼砂的區域。過了橋進入湖區，班戈措的湖水清澈而碧綠。然而珠玉在前，我們已見過那麼多或壯美或秀麗的湖泊，對班戈措已無心理會，並未多加停留，便直奔縣城而去。

2 1
3

1 途中景色

2 牧民與羊群

3 途中景色

第十九天

再見了，藏北阿里

經過一天接二連三的措，我的西藏阿里行程終於接近尾聲了。

在藏語中，班戈即「吉祥保護神」的意思，因為境內的班戈措而得名。班戈縣位在兩個著名的大湖色林措和納木措之間，山勢較為平緩，且有開闊的草原，南方納木措周邊更是水草豐富，因而縣境內擁有眾多適合放牧牛、羊、氂牛等的天然草場。話雖如此，班戈平均海拔依舊有四千七百米高，與其他藏北城鎮一樣，空氣稀薄，氣候寒冷，冬季長且多風雪。

班戈全縣面積有三萬多平方公里，人口約四萬人，過去曾屬於貧困縣之一，在政府的扶貧政策幫助下，具有相當成效，在二〇一九年，已脫離貧困的行列。因聖湖納木措位於南面，每年轉湖的藏民紛至沓來，更是外地旅客來到西藏旅遊的必到之處，加上縣內的孜日貢巴寺、色林措等景點，都帶動了當地旅遊業的發展。此外，境內藏有多種礦產資源，包括硼砂、錫、雲母、油頁岩、玉石等。

↑漫漫長路，彷彿沒有盡頭

由於這裡是阿里的最後一站，大家在縣中心區的酒店安頓後，連忙利用晚餐前的空隙到商業中心逛一逛。中心區的道路寬敞，人車不多，兩旁屋宇低矮，未見高樓大廈。我們在縣中心時間有限，用過晚飯，就回酒店準備隔日的回程了。

始料未及的是，當我們一覺醒來，天已降大雪，窗外景色白茫茫一片。大家擔心路況變差，事不宜遲，馬上啟程，這也意味我們就要告別藏北阿里了。我們計劃沿663鄉道，中途先到當雄，再轉京藏高速回到拉薩。看來今天註定要在大雪紛飛中行走了。

雪中的高原像是一部年代久遠的經典默片，蒼茫天地間，除了皚皚白雪之外，所有的色彩都在剎那間消失，萬物也頓然安靜下來，那真有「忽如一夜春風來，千樹萬樹梨花開」的意境。也因為大雪的原因，一路上能見度不高，小陳師傅駕駛車子也格外地小心翼翼，速度減慢，避免路面上的積雪令輪胎打滑。途中行經的村莊、溪澗、草甸和田野覆蓋厚厚一層白雪，即使是覓食的氂牛、羊群身上也披上了一身白衣，彷彿一夜之間換了人間。

1 天地覆蓋一層白雪，彷彿一夜之間換了人間

2 雪地裡穿短袖嬉戲拍照的旅客

途中經過的村落與藏民

都說「五嶽歸來不看山」，經過這些天高密度觀賞一個又一個的措，「措」過了還是「措」，大概回去以後可以不用再觀湖了。行至今天第十九天，我們一路上看遍各種景觀，也經歷了四季的氣候，似乎已經沒什麼特別期待的了。心中只有一個念想，就是順利回家。

但很多事情往往都是這樣，越沒有期待，反而越能得到意想不到的回報。途徑巴木措時，就有這樣的感覺。巴木措是一個鹹水湖，海拔4,555米，位於納木措的北方，是它的姐妹湖。儘管有納木措的盛名在側，巴木措依然把我們驚豔到了。到這裡的時候，雪已經停了，視野變得清晰，美麗的湖岸曲線一覽無餘。四下靜謐無人，只有遠處的雪山靜靜伴著眼前如鏡的大湖。大雪剛過，水面映出湛藍晴空，湖邊的瑪尼堆留下了人們美好的祝福，怎麼看都像夢境一般。我們稍微花了一些時間在此逗留，企圖把如斯的勝景留住。

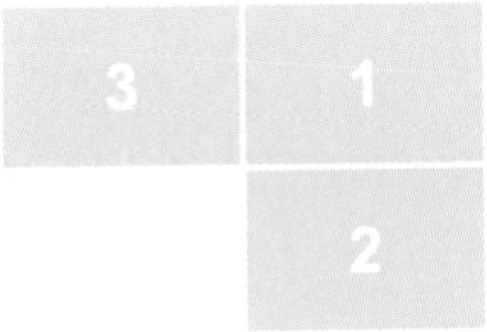

1 荒野中一座孤獨的小橋

2 巧遇一列青藏鐵路火車

3 與巴木措合影

大家繼續上路，雪時停時續，在念青唐古拉山脈沿途欣賞高山雪景，「四顧盡荒原」，滿眼白茫茫。途經班戈與當雄縣交界處的確龍措，這本來也在我們行程之內，可惜此時大雪又至，於是被迫改道前往納木措。

納木措是西藏三大聖湖之首，在藏語中是「天湖」的意思，單從名字就能看出它在藏民之中的崇高地位。本來也是我們行程的重中之重，但大雪紛飛的天氣下，我們無緣近距離一睹「天湖」風貌，只能請求小陳再將速度減慢，好讓我們透過車窗遠觀湖色，儘管雲層遮擋，「幾分朦朧幾分清」中亦可窺得其美。納木措是我們此行的最後一「措」，之後經過海拔 5,190 米的那根拉山埡口，也是我進藏以來最高的埡口之一，同樣是海拔五千米以上生命禁區的山口。我不願意放棄最後這一顯身手的機會，再攀上埡口高處觀景台，眺望納木措。

巴木措景色

從埡口沿環山公路下來，景色又不一樣了。公路夾在崇山峻嶺之間，連綿的群山被純淨無瑕的白雪蓋住，前面的公路像一條彎彎曲曲的銀帶繫在山腰，而我們的車正行走在黑白的影像間。山坡上偶見到雪地嬉戲的旅人，也見到一對戀人正在拍攝婚紗照，我太佩服他們為了留下美好的一剎那，而瑟縮在冰天雪地中。

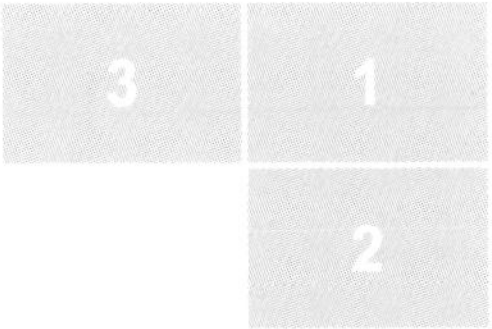

1 那根拉山埡口景色

2 從那根拉山眺望納木措

3 那根拉山埡口石碑

終於抵達拉薩，我再度來到八廓街，找尋「西藏三寶」中的天珠。西藏三寶指的是綠松石、珊瑚和天珠，除了天珠外，其餘兩寶我都擁有和收藏了。八廓街很多佛教法器的專賣店都陳列了天珠，不過要分辨珍品，非要擁有眼力不可，否則容易買到人工合成的贗品，就白白浪費了金錢。

天珠又叫做「天眼珠」和「貓眼石」，產於西藏、不丹、錫金等喜馬拉雅山高原地域，被認為是世界上最稀有的珍貴寶石，在藏族人民心目中，天珠是神的化身，是天降石。它位列「西藏三寶」之首，也是雍仲苯教的聖物。據說藏人在五千多年前便發現天珠的特別，他們把天珠作為吉祥物，佩帶可以消災避邪，增強免疫力。若用現代科學的角度來解釋，天珠是九眼石頁岩，它本身含有玉質及瑪瑙成分，還包含多種稀有的天然元素，尤其「鐿」這種特殊元素的磁場相當強烈。

天珠根據上面的圖騰樣式或眼數而有品級的差別，通常帶眼天珠以單數較稀少，九眼天珠即一顆天珠上有九顆「眼睛」的圓點，是天珠中的極品，除了價格可觀之外，市面上亦極難尋得。現在市面上大多是加工的工藝品，要找到天然的天珠真的要靠眼光和緣分。但儘管現今仿製天珠的技術成熟，仍可在清水或燈光下觀察表面的自然紋路來辨別真偽。為了豐富收藏，我走入專賣店碰碰運氣，經過千挑萬選，一顆一眼天珠最終得到我的青睞，決定把它帶在身上，祈求帶來好運！

最後，經過當地朋友的介紹，我又來到專門經營唐卡的店家。在欣賞之餘，亦選購作為紀念與收藏品。

↑在藏族人民心目中，天珠是神的化身，是天降石，帶眼天珠以單數較稀少。

唐卡是一種畫在布或紙上的圖像，尺寸大小不一，小的可以隨身攜帶，而在藏族傳統的雪頓節上，哲蚌寺的唐卡大到可以蓋住山壁。在西藏訪遊多間寺廟的過程中，措欽大殿上都可以欣賞到珍貴的壁畫和唐卡，是屬於藏傳佛教和苯教的作品。唐卡大多繪製宗教的故事和佛祖人物等，也有以歷史、文化、民間傳說和世俗生活為題材，可說是「藏文化的百科全書」，這種獨特的繪畫藝術，具有鮮明的風格與民族特色。唐卡的特點之一就是色彩十分鮮豔，能傳承百年甚至千年，使用的顏料基本上都來自天然的材料，例如金、銀、珍珠、瑪瑙、珊瑚、綠松石、青金石、孔雀石、硃砂等礦物，或是藏紅花、茜草、大黃等植物。若想要購買唐卡，價格差異非常大，主要視藝術家的知名度和繪製的時間工序而定。一幅標準尺碼的唐卡，一般至少要花上兩、三個月時間才能完成，藝術家對繪畫唐卡要求嚴苛，又有一連串的儀式，包括選布、固定畫布、上膠和打磨、打線、勾草圖，然後再到上色、勾線和開臉等等繁複的工序。這次我挑選了一幅已請喇嘛加持過的「觀音像」唐卡，送給老伴作為她「整壽」的吉祥禮物。

最後一晚，大伙依然入住老朋友經營的六星級瑞吉度假酒店，再一次遠眺布達拉宮，有始有終，也為此次行程劃上一個圓滿的句號。

我終於告別「荒漠的天堂」，又重回「文明的人間」。

後記

關於這次的西藏行，其實並非我的原始計畫。我原先是打算前往新疆的，但因為疫情這個不可抗因素，無奈之下臨時轉戰西藏，卻也因此成就了一段可遇不可求的難得之旅。

荀子《勸學》曰：「不登高山，不知天之高也；不臨深溪，不知地之厚也。」沒有阿里之行也體會不到這片高原，為何自古以來被人描述成獨一無二的地域。這裡獨特的地貌奇觀，惡劣的自然環境下堅韌的藏族人民，荒原中沸騰的生命，翻越的一座座高山，經過的大江大湖，這都成了我餘生寶貴的經歷。我一邊執筆寫下，一邊鏡頭收錄，每一瞬間都是和大自然的相遇。此次旅途的確相當辛苦的，還潛藏著不少風險，但也讓我收穫了極大的快樂，「身處地獄，眼在天堂」，只有親身走過才真切地感受到「最美的風景一直在路上」。

西藏有著虔誠鑄造的千年不變的信仰，但也有著肉眼可見的滄桑巨變，從以前的無

路可走到一條條通天之路的建成，每一條路都承載著無數人的奉獻犧牲和精神信仰，這些路穿過荒原，駛往聖湖，奔向茂林，通達高山之巔。

天地有大美而不言，我們唯有懷著敬畏之心，保持熱愛，感謝自然贈予我們的美景。隨著世界陸續重新開放，我也開始奔赴下一個星辰大海，去感受海闊天高和自然壯美。

旅行結束了，但我對這片雪域高原的期待才剛剛開始。有這樣的山水中國，人文中國，才是我們的美麗中國。我且以我手中的筆和鏡頭「立足中國大地」，把中國故事記錄下來。

十分感謝幾位好友在百忙之中接受我臨時又緊急的邀約，為我這本新書寫序：

- 澳門大學教授程祥徽
- 紫荊雜誌社長楊勇
- 德國雷根斯堡大學經濟學博士水敏
- 亨達證券投資顧問股份有限公司董事長劉惠玲

最後，再次感謝陪同我走過逾千公里荒原大地的四位年輕旅伴的沿途照顧，就用我在途中學到的藏民祝福語：「扎西德勒」！

西藏，我一定再來！

國家圖書館出版品預行編目資料

旅遊記疫：老玩童西藏自駕遊／鄧予立著. --初版.--臺中市：白象文化事業有限公司，2022.10
面； 公分.——（鄧予立博文集；16）
ISBN 978-626-7189-16-0（精裝）
1.CST: 遊記 2.CST: 汽車旅行 3.CST: 西藏自治區
676.669 111013199

鄧予立博文集（16）

旅遊記疫：老玩童西藏自駕遊

作　　者　鄧予立
校　　對　鄧予立
發 行 人　張輝潭
出版發行　白象文化事業有限公司
412台中市大里區科技路1號8樓之2（台中軟體園區）
出版專線：（04）2496-5995　傳眞：（04）2496-9901
401台中市東區和平街228巷44號（經銷部）
購書專線：（04）2220-8589　傳眞：（04）2220-8505
專案主編　李婕
特約設計　白淑麗
出版編印　林榮威、陳逸儒、黃麗穎、水邊、陳媁婷、李婕
設計創意　張禮南、何佳諠
經紀企劃　張輝潭、徐錦淳、廖書湘
經銷推廣　李莉吟、莊博亞、劉育姍、林政泓
行銷宣傳　黃姿虹、沈若瑜
營運管理　林金郎、曾千熏
印　　刷　基盛印刷工場
初版一刷　2022年10月
定　　價　399元